國文

普通型高級中學

04

編輯大意

一、本書依據教育部於中華民國一〇七年一月二十五日發佈之「十二年國民基本教育課程綱要國民中小學暨普通型高級中等學校語文領域——國語文」編寫。

二、本書分五冊，供普通高級中學三學年五學期教學使用。

三、本書的目標，在於提升你閱讀理解的能力、文學感受的能力、同理多元文化的能力和運用語文來表達及思辨的能力。

四、每一冊課本都會聚焦在一個主題，其下會有三個單元、每單元配屬二到三課課文。「主題」、「單元」、「課文」三個層次之間是彼此連結的。因此，我們建議你在進入新單元時，可以先快速讀過該單元的導言和課文，形成一個整體印象，這可以加深你的理解。

五、每個單元的「導言」會告訴你這些課文為何值得一讀，以及它們共同關切的主題是什麼。文學作品不只能帶來美感的體驗，也能帶來深度的思考，好的文學作品都是在處理人們生活中的各種議題。你可以參考他們的文章，想想你自己是否也面對過同樣的處境？你的想法與他們有何相同、又有何不同？

六、在第一冊到第四冊，我們額外附加了「中國文學史單元」，分成「先秦」、「漢魏六朝」、「唐宋」、「元明清」四個部分。這是為了讓你能依照時間順序理解中國文學史的演變，你在複習時也可以單獨抽出這些單元來閱讀。

七、在課文中，我們配置了「題解」、「作者」、「提問」、「注釋」、「問題與討論」、「寫作練習」、「延伸閱讀」和「BOX」等欄位。這些欄位是為了幫助你更深刻地理解課文，從中學習怎麼閱讀一篇文章。我們特別希望你善用「提問」、「BOX」、「延伸閱讀」和「寫作練習」四個欄位。「提問」會引導你注意一些可能會漏掉的關鍵細節。「BOX」則會補充一些關鍵知識，讓你更進一步理解文章的特點或作者的暗示。「延伸閱讀」會包含與課文相同主題，但年代或媒介不同的作品，包含文學作品、非虛構寫作、電影、音樂、動漫等，若能在課餘時大量閱聽，能讓你更深入地理解課文。「寫作練習」則會讓你從模仿課文的手法開始，一步步建立寫作的工具箱。

八、在課本的最後，我們設有「閱讀超連結」這個單元。這個單元會收錄數篇自學篇章，供你在課餘時進一步閱讀。它們也都跟課本中的各個單元有所呼應，可能會補充單元中沒有提到的面向，也可能會提供完全不同的觀點。「閱讀超連結」的文章沒有題解、作者與注釋，挑戰性會比課文高一些，但你可以藉此磨練自己獨立閱讀新文章的能力。這樣一來，不管是對你未來的生活、還是考場上的表現，都會有實際的幫助。但本冊中的（勞山道士）一文為古文，為了更容易閱讀理解，故加上註釋與提問。

九、目次加上「■」者為一〇八課綱十五篇推薦選文篇目。

十、依課綱規定，我們也編寫了二學分的「中華文化基本教材」。我們依照教學節數的比例，共編撰六單元。為了增加教學的靈活彈性，在授課時數與學分規劃上將「中華文化基本教材」課次平均安排在第二冊到第四冊，因此第二冊到第四冊的課本只編撰了十課課文。

十一、呼應課本對於閱讀理解以及人文性、思辨性的重視，中華文化基本教材的編寫採取廣義人文學的視野，側重文化思想以及哲理概念的闡發，而非文字篇章與文本表述的層面。希望呈現中華文化中各家思想的精華，並且普及學術界的研究成果。六單元的文教選文中融入了人權教育、家庭教育、生命教育、品德教育、法治教育、多元文化教育、閱讀素養等當代議題。我們希望你能用現代生活的處境與思維去理解這些思想性文本，並且與之對話，從中汲取生命的養分與智慧。

十二、對應課本的架構與精神，「中華文化基本教材」的每一單元也都設有「導言」、「文本選讀」、「注釋」、「BOX」、「章旨詮釋」、「問題與討論」、「提問」等部分。我們希望你感知到選文的內涵與意義，不只是記誦解釋、翻譯，也不必單向的接受教條與訓話。在「人文精神」、「人性與安身立命」、「人際的互動與衝突」、「公領域的構成與治理」、「語言、知識與經典」以及「通往自由與幸福的道路」等六個單元中，我們邀請你參與一場思想的探索與冒險，透過文本，與哲人們圍坐，共同思考、辯詰著關於自我成長與生命發展的重要問題。在編排上採用橫排，請從３０４頁（文教２）開始左翻閱讀。

十三、不管是在課堂上、還是獨自閱讀的時候，保持獨立思考都是一件好事。就算是我們在課本中提供的說法，也不見得是這個世界的真理。如果你能提出與課本不同的看法，並且透過邏輯或更多的資料證明自己是正確的，那作為課本編者的我們也會非常開心。閱讀並且激盪出新的想法，這樣的行為正是對作家、作品最大的敬重。

十四、雖然你可能有別的興趣，但我們可以向你保證：我們會盡力提供一個多元、豐富、有趣的文學世界。只要你願意放開心胸閱讀，你會發現自己將會在這個過程中更了解自己，也更了解這個世界。

目次

第一單元

公共生活

導言
公共生活

本單元的主題是「公共生活」。

在前三冊國文課本裡，我們從「自己」談到「他人」，逐步探索文學作品關懷的主題。而在第四冊的第一單元，我們將把尺度放大，來談談「公共生活」。文字的基本功能是表達想法，但並不是表達完就結束了。事實上，很多時候我們表達想法，是為了說服其他人、獲得其他人的同意。有時候，我們表達出來的想法不一定是最周全的，別人可能也會提出他的想法。當不同的想法互相交會、碰撞，我們可能會爭辯、也可能會被說服，最終就會達成某一程度的共識。

在民主社會裡，這種「表達意見——達成共識」的過程，就是整個社會決定「我們要過怎麼樣的生活」的方式。所有的議題，都是透過這樣的模式爭論出來的：我們要制定什麼樣的法律？我們要提供什麼樣的社會福利？我們該採行怎樣的教育制度和經濟制度？這也是為什麼，「民主社會」幾乎同時都是「有言論自由的社會」。當人人都有言論自由、都能表達自己的想法時，我們才有機會從多元的聲音當中，找到最好的解決方案，就像生物多樣性保存了有各種功能的基因一樣。

因此，本單元選錄了三篇論述性的文章，它們都表達了各自所面對的社會議題，以及「我們應該過怎樣的公共生活」的理想。第一篇是《禮記》中的〈大同與小康〉，作者描述了「大同」和「小康」兩種社會形態。雖然它的描述未必合於歷史事實，但可以看出當時人們心目中的理想社會是什麼，也反映了知識分子追求的政治目標。〈大同與小康〉篇幅短小，因此你在閱讀時，可以特別注意它提到了哪些層面、哪些領域的問題，並與現代社會比較，看看它的核心關懷有何不同。比如說，「矜、寡、孤、獨、廢、疾」六種人，跟現代社會福利所照顧的人有何不同？多了什麼或少了什麼？

第二篇是鄭用錫的〈勸和論〉，這篇文章是為了止息清代臺灣的「械鬥」問題而寫。此文的寫法非常接近現代的「公共評論」，是針對一個特定議題，簡要地分析成因並且提出解決方案的文章。閱讀這類評論文章時，你可以同時抱有「理解」和「批判」兩種態度：一邊理解作者提出的論點，一邊提出自己不同意的地方，不必全然同意也不必全然否定。透過這樣的閱讀過程，不但可以讓你更深刻地了解這篇文章，也可能找出作者的盲點。

第三篇是朱家安〈自以為的客觀性〉。這篇文章並不針對任何特定議題，而是透過介紹一套哲學理論，提供讀者一種「思考工具」——讀者可以帶著這副工具，去面對任何社會議題。這種文章雖然沒有明確指出一套公共生活的解決方案，但它所介紹的理論背後，仍然蘊含了一些沒有明說的理想。你可以特別注意朱家安對於「人的選擇被限制」這種狀況的觀點，並思考你是否同意。

這一單元的文章和議題，看似非常「不文學」，似乎不像其他課文那麼抒情或華美。但實際上，文學本來就不只是以辭藻取勝，古往今來的許多名作更是因為思想深度而成為經典。當人們寫下自己對「公共生活」的想法時，不但可以和同一世代的人溝通，更可以與前人對話、為後人留下知識和經驗。這種跨越時代的思想連結，正是人類文明得以發展下去的主要動力。

第一課 大同與小康

題解

本文節選自《禮記》的〈禮運〉篇，標題為編輯所加。文章藉由孔子與子游的問答，談論「大同」以及「小康」兩種政治理想下，社會、經濟、文化的面貌。「大同之治」的核心價值是「公」，社會為眾人所共治，資源為眾人所共享。這段文字與其說是陳述歷史事實，不如說是投射出一份政治理想。儘管如此，其內容也不盡然是出自想像與虛構。若從人類歷史發展的角度來看，文章對於大同世界的描繪近似「原始共產社會」的樣貌，那時候部落社群的領導人經由推選而產生，社群之間人人關係親密、合作共生。

而「小康之治」的核心價值則是「禮」，以禮義建立起一套人倫的準則及社會的秩序，作為治理國家的綱領。從人類歷史發展的角度來看，這是古代「宗法封建社會」的階段。「宗法」是一套以父系血緣關係為基礎的制度，依照血緣關係的親疏遠近來劃分不同的階層，各階層有各自的義務與權責。「封建」則是將各宗族分配到不同的屬地，建立各自的城邑和領地。根據考古學與歷史學的研究，這套制度在中國的夏代開始成形，周代以後漸漸完備，而到了孔子所處的春秋中期則面臨崩壞的危機。

無論是大同之治「天下為公」的理念，或者是小康之治「天下為家」的規模，都傳達出了一份高遠的政治理想。

作者

「記」是一種表示說明或者解釋的文章體裁，《禮記》即是一部關於禮學的文獻集成。《禮記》各篇的作者應為孔子之後的儒家學者，書中各篇原本各自獨立，非一時一地之作，但內容均以「禮」的制度與思想內涵為主題。

現今習稱的《禮記》，是西漢中期戴聖講授《儀禮》時所編輯的參考資料。到了東漢，鄭玄分別為《周禮》、《儀禮》及《禮記》作注，這三部書才並稱為「三禮」。三禮之中，《儀禮》成書最早，記載了古代貴族的生活方式，尤其是器物與制度方面；《周禮》又名《周官》，對於國家的典章制度、職官配置、居民組織、農田規劃等等層面，提出了完整理想的藍圖，成書可能在戰國晚期以後；相較之下，《禮記》的內容更關注在「禮」的文化、思想方面的闡發。

從文化人類學的觀點來看，「禮」是從習俗中提煉出來的一套象徵系統，包含了器物、儀式、制度與精神等各個層面。古代「禮」的思維，也滲透到文明、政治、社會、人倫等各個層面，替人的生命與生活提供了準則，形成了秩序與意義的結構。《禮記》最重要的價值即在於保存了這些文化思想。

戴聖

BOX

戴聖，字次君。生卒年不詳，漢宣帝時禮學家。學《儀禮》，漢宣帝時立為禮經博士，講學於石渠閣。戴聖與叔叔戴德均為當時知名的禮學家，合稱為大小戴。戴聖編輯的《禮記》也稱《小戴禮記》，戴德編輯的《禮記》則稱《大戴禮記》。

昔者，仲尼[1]與於蜡賓[2]。事畢，出遊於觀[3]之上，喟然[4]而歎。仲尼之歎[a]，蓋歎魯也[5]。言偃[6]在側，曰：「君子[7]何歎？[b]」

子曰：「大道之行也[8]，與三代之英[9]，丘未之逮也[10]，而有志焉[11]。大道之行也，天下為公[12]。選賢與能[13]，講信修睦[14]。故人不獨親其親，不獨子其子[15]；使老有所終[16]，壯有所用[17]，幼有所長[18]，矜、寡、孤、獨、廢、疾者皆有所養[19]。男有分，女有歸[20]。貨惡其棄於地也[21]，不必藏於己；力惡其不出於身[22]也，不必為己。是故謀閉而不興[23]，盜竊亂賊而不作[24]，故外戶[25]而不閉，是謂『大同』[c]。

今大道既隱[26]，天下為家[27]，各親其親，各子其子[28]。貨力為己。大人世及以為禮[29]。城郭溝池以為固[30]。禮義以為紀[31]：

提問

a 從「與於蜡賓」與「事畢，出遊於觀之上」等背景敘述，請推測文章中「仲尼之歎」可能的原因是什麼？

b 這篇文章從形式上來看，是孔子回答言偃所提出的問題。對話人物設定為言偃，是否有特定的用意呢？或者換成其他人也同樣可以呢？請參考注釋6，說明你的看法與理由。

c 這段文章描述「大同」之世。如果要找出一個關鍵詞來概括這段的主要觀念，你會選哪個詞？並且用這個關鍵詞來分析這段文章。

以正君臣，以篤父子，以睦兄弟，以和夫婦[32]，以設制度，以立田里[33]，以賢勇知，以功為己[34]。故謀用是作，而兵由此起[35][d]。禹、湯、文、武、成王、周公，由此其選也[36]。此六君子者，未有不謹於禮者也。以著其義，以考其信，著有過[37]，刑仁講讓[38]，示民有常。如有不由此者，在勢者去，眾以為殃[39]，是謂『小康[40][e]』。」

d
「故謀用是作，而兵由此起」這句話，與前文強調「禮義」的重要性及功能，有怎樣的關係呢？說出你的想法。

e
這段文章描述「小康」之世。如果要找出一個關鍵詞來概括這段的主要觀念，你會選哪個詞？並且用這個關鍵詞來分析這段文章。

注釋

1 仲尼：孔子的字。這裡稱字不稱名，表示尊敬之意。

2 與於蜡賓：參與蜡祭，擔任輔助祭典的人。「與」即「參與」。「蜡」音「ㄓㄚˋ」，古代歲末盛大的祭祀典禮。「賓」為輔助典禮進行的人。

3 觀：在宮門兩側建築的樓臺，可以懸掛法令，公佈給百姓觀看。「觀」音「ㄍㄨㄢˋ」。

4 喟然：嘆息的樣子。「喟」音「ㄎㄨㄟˋ」。

5 蓋歎魯也：大概是看到魯國的祭禮不完備，失去了禮儀的內涵，因此嘆息。「蓋」表示推測的語氣，有「大概」的意思。

6 言偃：字子游，孔子的弟子，長於「文學」，擅長禮樂之教。

7 君子：此處尊稱有才德的人。

8 大道之行：大道施行於天下。「大道」即「理想的治國之道」。這裡是假託五帝（黃帝、顓頊「ㄓㄨㄢ ㄒㄩˋ」、帝嚳「ㄎㄨˋ」、堯、舜）時候的情況，用來寄寓政治理想。

9 三代之英：夏、商、周時候賢明的君主，指下文當中提到的禹、湯、文王、武王等實行「小康」之治的君主。

10 未之逮：來不及趕上。「逮」即「及、趕上」，音「ㄉㄞˋ」。

11 志：通「誌」，指文獻典籍中的記載。

12 天下為公：天下是全體人民所共有的。

13 選賢與能：選拔賢能，將政事託付有能力的人。「與」即「舉」，推舉。

14 講信修睦：重視信用，推行和睦。「講」即「注重」。

15 不獨親其親，不獨子其子：不只是親愛自己的尊長，不只是關愛自己兒女。意謂能將對自己親人的愛，推及到其他人。第一個「親」字與第一個「子」字做動詞用。

16 老有所終：老年人獲得適當的終養。

17 壯有所用：壯年人獲得適當的發揮。

18 幼有所長：幼年人獲得適當的養育。

19 矜、寡、孤、獨、廢、疾者皆有所養：指社會上各種弱勢、無助的人獲得適當的照顧與養護。「矜」音「ㄍㄨㄢ」，同「鰥」，指年老無妻或喪妻的婦人。「寡」指指年老無夫或喪夫的婦女。「孤」指沒有父親的小孩。「獨」指沒有孩子的老人。「廢」指身體殘疾。「疾」指身患病痛。

20 男有分，女有歸：男子都能善盡職分，女子都有好的歸宿。

21 貨惡其棄於地：財貨物資，不讓它棄置不用；意謂物品能夠流通共享。「惡」音「ㄨˋ」，厭惡，這裡有不樂意的意思。

22 力惡其不出於身：人的能力，不讓它不發揮出來，意謂每個人都貢獻所能。

23 謀閉而不興：心機詭計都止息而不起。「興」即「起」。

24 盜竊亂賊而不作：搶劫、行竊、暴亂、傷害等事情都不會發生。「作」即「起」。

25 外戶：大門。

26 大道既隱：大道不施行了。「隱」為消失、隱匿，與前一段「大道之行」的「行」相對。

27 天下為家：天下是一家所有，這裡指國君之位不傳給賢能的人，而是傳給自己的親族。

28 各親其親，各子其子：每個人只親愛自己的尊長，關愛自己的子女。與前文「不獨親其親，不獨子其子」相對。

29 大人世及以為禮：指在位者依照父死子繼或兄終弟及的禮制，傳承身分、爵位。「大人」指在位者。「世及」指父死子繼與兄終弟及的制度。

30 城郭溝池以為固：以外城牆、護城河用來鞏固防禦，意指透過軍事鞏固政治權力。「郭」即「外城」。「溝池」即「護城河」。

31 禮義以為紀：以禮義作為施政的綱領。「紀」即「綱領」。這個句子以「禮義」作為主題統領下文，接下來從「以正君臣」到「以功為己」各句，主題都是「禮義」，表現「禮義」的作用。

32 以正君臣，以篤父子，以睦兄弟，以和夫婦：指用禮義使得君臣關係適當，使父子關係厚實，使兄弟關係和諧，使夫婦關係和睦。這幾句說明禮義作為人倫關係的規準。

33 以設制度，以立田里：指以禮為標準，來設定各種社會制度，並且規劃、分配土地如何運用。「田」是種植作物的區域，「里」是人居住的區域。

34 以賢勇知，以功為己：指依照禮制推崇勇敢、智慧的人，獎賞為了自己而獲得成就的人。「賢」在此為動詞，有「以……為賢」的意思。「功」在此為動詞，有「以……為功」的意思。

35 故謀用是作，而兵由此起：所以詭計因此而生，戰亂也因此而起。「作」即「發生」，也就是「起」的意思。

36 選：被挑中的人或物，這裡指傑出的人。

37 以著其義，以考其信，著有過：指用禮來彰顯行事得宜，驗證誠實守信，辨明過錯失誤。「著」指彰顯、辨明。

38 刑仁講讓：以仁為典型，重視禮讓。「刑」通「型」，指典型，這裡是「以……為典型」的意思。「講」即「注重」。

39 在勢者去，眾以為殃：有權勢的人被罷黜，眾人認為他是災禍。「殃」即「災禍」。

40 小康：小安的政治格局。相對於之前的「大同」而言。「康」即「安」。

問題與討論

1 想像有兩位候選人要競選國家領導者，他們分別希望根據「大同」以及「小康」的政治理想，提出自己的治國方針。請你分別替他們擬定政見，政見中必須條列出包含政治、經濟、社會等面向。你可以完全根據文章內容草擬政見，也可以掌握了「大同」及「小康」核心精神之後，連結你所面對的真實情境，再加以發揮。

2 根據這篇課文，你認為孔子比較嚮往「大同」或者「小康」呢？為什麼？

3 如果有機會拜訪文章中所描述的世界，你比較想要經驗「大同」的時代或者「小康」的時代？為什麼？請結合文章的內容說明你的看法與理由。

4 歷史演進與社會發展之間存在著很複雜的關係，討論這個問題，可能根據歷史事實，也可能參雜了各自的理想與期待。根據你對人類歷史的了解，你覺得〈大同與小康〉文章裡，哪些描述是「歷史事實」？哪些描述是「作者的理想與期待」？請各舉出一個例子，並說明你為什麼這樣認定。

寫作練習：
先列點，後描述

在論述寫作時，常常會需要先描述我們所評論的現象。比如我們要評論「臺灣的電競產業」或「日治時期的水利建設」之前，都需要先跟讀者簡介這兩種現象。然而，這些現象可能非常複雜，我們若全力描述它們，很可能就沒有篇幅來寫自己的看法了。因此，為了精簡地描述現象，我們可以採取「先列點、後摘要」的方法：先把某一現象中，最重要的幾個面向列出來（以短文來說，通常是2－4點就夠了），然後每一點都只用一句話來描述。這樣就能確保文章精簡、且重點都有提到。〈大同與小康〉在描述「大同」與「小康」兩個時代，都是先列出「政治、社會、經濟」三個重點，然後才個別描述，因此能用很少的篇幅來呈現這兩個時代的特色。

挑選一個你有興趣的社會現象，依序完成下表。不管是當代的議題還是歷史上曾經有過的現象都可以。

現象	列出 (請列出三點)	摘要 （請寫成200 字左右的一段文字，並包含前列的三點 ）
	1	
	2	
	3	

延伸閱讀

文字

1 王夢鷗，《禮記今註今譯》，台灣商務，二〇〇九。
2 諾貝爾・埃利亞斯《文明的進程：文明的社會起源和心理起源的研究》，上海譯文出版社，二〇〇九。
3 周何，《禮記：儒家的理想國》，時報出版，二〇一二。
4 亨德里克・威廉・房龍、約翰・梅里曼、羅勃・蘇利文著，《人類的故事》，聯經出版，二〇一六。
5 杜正勝，《周代城邦》，聯經出版，二〇一八。
6 恩格斯，《家庭、私有制和國家的起源》，人民出版社，二〇一八。
7 哈拉瑞，《人類大歷史：從野獸到扮演上帝》，天下文化，二〇一九。
8 讓—雅克・盧梭《論人類不平等的起源和基礎》，五南，二〇一九。

遊戲

1 席德・梅爾總監，《文明帝國VI》，二〇一六。

第二課　勸和論

題解

西元一八五三年，艋舺發生了「頂下郊拚」的分類械鬥。同屬泉州籍的三邑商人（頂郊）與同安商人（下郊）因爭奪艋舺碼頭的泊船權利，而引發大規模的械鬥。雙方生命、財產均犧牲慘重，官方無力也無心調停，乃由鄭用錫與臺北鄉紳共同出面協調。隔年，鄭用錫撰〈勸和論〉，可惜仍不能終止衝突，於西元一八五九年再度爆發漳、泉大械鬥。

本文雖以「論」為題，強調的卻是「朋友如手足」的情感呼喚，提出以「臺人」取代原籍分類的概念，期許雙方消弭歧見，使族群共榮。械鬥因商業利益的衝突而起，因此本文勸說的對象不僅是參與武裝衝突的人，也是向利益關係最大的商人喊話。

過往官方的文書中，往往以強硬的態度、威脅的言詞與懲治手段以嚇阻械鬥，如藍鼎元的〈論閩粵民人〉。相較之下，〈勸和論〉更貼近參與械鬥者的心理，直指分類械鬥會損害共同利益，主張以仁愛取代報復，在道德立場上不脫儒家「親親而仁民」的思想。

作者

鄭用錫（西元一七八八年—西元一八五八年），清領時期臺灣淡水廳竹塹（今新竹市）人。鄭家原居住於後龍（今苗栗縣），其父鄭崇和為規避分類械鬥的紛擾，西元一八〇六年舉家遷居竹塹，家族日益繁庶。鄭用錫於西元一八二三年赴京應試，賜同進士出身，為臺灣納入清領版圖後第一位臺籍進士，有「開臺進士」之稱，鄭氏家族因而地位驟升。

西元一八二六年，因分類械鬥頻繁，鄭用錫奏請總督批准，與鄉紳自費將竹塹城的土牆改建為石牆。西元一八三四年捐官進京，後因不習官場應酬，於西元一八三七年以母老乞養為由返臺。返鄉後興建自宅為「進士第」，讀書自娛。西元一八四二年中英鴉片戰爭期間，英船入侵大安港，鄭用錫召募民兵抵禦有功，賞戴花翎、加四品銜。西元一八五三年協助調解「頂下郊拚」，西元一八五四年奉旨協辦團練並勸捐米糧輸往天津賑災，給二品封典。

鄭用錫主辦「明志書院」，帶動新竹文化風氣。晚年築「北郭園」，與林占梅「潛園」並列竹塹兩大名園，成為文人交流創作的據點。鄭用錫精通儒學，撰有《欽定周易折中衍義》、《周禮解疑》。喜好「擊缽吟」，與詩友組「竹城吟社」，著有《北郭園全集》。

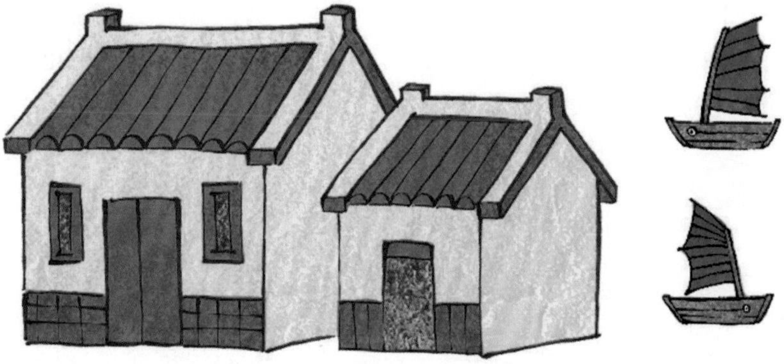

甚矣[1]，人心之變也，自分類[2]始[a]！其禍倡[3]於匪徒，後遂燎原莫遏[4]，玉石俱焚[5]。雖正人君子，亦受其牽制而或朋從[6]之也[b]。

夫人與禽各為一類、邪與正各為一類，此不可不分。乃同此血氣[7]、同此官骸[8]、同為國家之良民、同為鄉閭[9]之善人，無分士、無分民，即子夏所言「四海皆兄弟」是也[c]，況當共處一隅[10]？揆諸出入相友之義[11]，古聖賢所謂同鄉共井者也[d]。在字義，友從兩手[12]、朋從兩肉[13]。是朋友如一身左右手，即吾身之肉也。今試執塗人而語之曰：「爾其自戕[14]爾手、爾其自噬爾肉！」鮮不拂然[15]而怒[e]！何今分類至於此極耶？

顧分類之害，甚於臺灣。臺屬尤甚於淡之新、艋[16]。臺

提問

a 作者認為「人心之變」是從分類開始，你認為人類社會可能會有哪些「分類」？為什麼會有這些分類？分類會對人心造成什麼影響？（請回想第一冊「遷徙與定居」主題的內容）

b 作者用二分法把「匪徒」和「正人君子」對立，認為匪徒是禍害的始作俑者，而正人君子是受害者。如果你是作者的預設讀者（請參閱題解欄），看了這段文字你會有什麼想法？

c 雖然第一段提到分類之禍，但此處仍然提出了「不可不分」的大分類。作者什麼時

為五方雜處[17]，自林逆[18]倡亂以來，有分為閩、粵焉，有分為漳、泉焉。閩、粵以其異省也，漳、泉以其異府也。然同自內府播遷而來，則同為臺人而已。[f] 今以異省、異府，若分畛域[19]，王法在所必誅。矧[20]更同為一府，而亦有秦、越之異[21]，是變本加厲，非奇而又奇者哉？夫人未有不親其所親而能親其所疏。同居一府，猶同室之兄弟，至親也。乃以[22]同室而操戈[23]，更安能由親及疏，而親隔府之漳人、親隔省之粵人乎？[g] 淡屬素[24]敦古處[25]，新、艋尤為菁華[26]所聚之區，遊斯土者，嘖嘖[27]稱羨。自分類興，元氣[28]剝削[29]殆盡，未有如去年之甚也！干戈之禍愈烈，村市半成邱墟[30]。問為漳、泉而至此乎？無有也。問為閩、粵而至此乎？無有也。蓋孽[31]由自作，釁起鬩牆[32]，大抵在非漳泉、非閩粵間耳。[h]

候選擇「不分」，什麼時候選擇「分」？你認為這兩段有矛盾嗎？為什麼？

d 作者在此意圖用道德召喚來解決政商利益衝突，你認為這會是一個有效的方法嗎？為什麼？

e 從「朋友」的字義到「戕爾手」、「噬爾肉」的譬喻及推論，你認為合乎邏輯嗎？請試著指出你認為合理或不合理之處。

f 作者用「臺人」的概念來抹平祖籍意識的隔閡，如果你是當時的人，你會接受這種說法嗎？為什麼？

g 作者認為同府籍者如同室兄弟，並提出「由親及疏」的仁愛等次觀，第二次召喚道德

自來物窮必變，慘極知悔[33]。天地有好生之德[34]，人心無不轉之時。予生長是邦，自念士為四民之首，不能與在事諸公[35]竭誠化導，力挽而更張之[36]，滋愧實甚。[i]願今以後，父

來排解政商衝突，你認為是否能加強說服力？為什麼？

h 作者反對以地域出身來判斷一個人，同時認為這就是製造毀壞、導致整體經濟活動衰退的主因，這對當事人具有說服力嗎？為什麼？

i 作者在此提及身為知識份子的責任以及對社會的虧欠，這對作者的預設讀者可能發揮什麼樣的心理影響？

誡其子、兄告其弟，各革面、各洗心，勿懷夙忿[37]、勿蹈前愆[38]。[j]既親其所親、亦親其所疏，一體同仁[39]，斯內患不生、外禍不至。漳、泉、閩、粵之氣習，默消於無形。譬如人身血脈節節相通，自無他病；數年以後仍成樂土，豈不休[40]哉！[k]

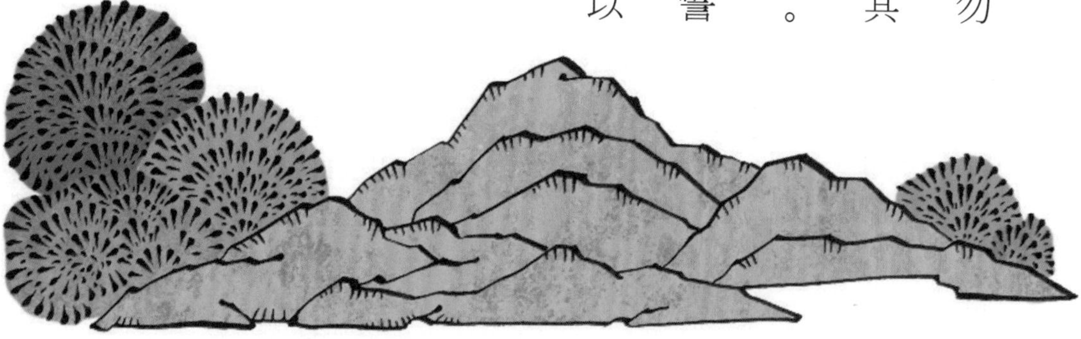

j 承i題，為什麼作者的預設讀者是這些人？為什麼在結論的時候把重點放在父兄、子弟身上？

k 作者提出的解決方案是不要分類（「血脈相通」）就能共同共榮（「自無他病」），你認為要實現作者描繪的樂土願景，最大的挑戰是什麼？

注釋

1 甚矣：真是太過份了。「甚」指「過度」。

2 分類：區分族群。「類」指由相同或相似的人事物歸屬成的種別，此指族群。

3 倡：帶頭、發動。

4 燎原莫遏：就像火延燒原野，無法阻止。「遏」即「阻止」，音「ㄜˋ」。

5 玉石俱焚：美玉和石頭一同被燒毀，比喻不分好壞，一起毀滅。

6 朋從：同類相從。「朋」指同類。

7 血氣：血液和氣息，此指血統。

8 官骸：身軀、形體。「官」指人體器官。「骸」指形體。

9 鄉閭：古以二十五家為「閭」，一萬二千五百家為「鄉」，鄉閭泛指民眾聚居之處。「閭」音「ㄌㄩˊ」。

10 隅：角落。「隅」音「ㄩˊ」。

11 揆諸出入相友之義：仔細度量往來相互友好的意義。「揆」指衡量，音「ㄎㄨㄟˊ」。「諸」即「之於」。

12 友從兩手：友字是由兩個手字組成。「友」的甲骨文為兩隻手靠在一起，表示朋友的意思。

13 朋從兩肉：朋字是由兩個肉字組成。「朋」的甲骨文為掛在同根繩子上的兩串貝殼，作者以兩個「月」（肉）字並列解釋之。

14 戕：殺害、殘殺。「戕」音「ㄑㄧㄤˊ」。

15 拂然：憤怒、不悅的樣子。「拂」音「ㄈㄨˊ」。

16 淡之新、艋：指淡水廳的新莊（今新北市新莊區）、艋舺（今臺北市萬華區）兩地。

17 五方雜處：各地的人聚居一起。「五方」指東、南、西、北、中五個方位，泛指各處。「處」即「居住」。

18 林逆：指林爽文（西元一七五六年－西元一八八八年）。西元一七八六年，臺灣府知府取締天地會，身為盟主的林爽文率眾抵抗長達一年三個月，最終兵敗被俘，送至京城處死。與朱一貴起義、戴潮春事件並稱臺灣清領時期三大民變。

19 畛域：範圍、界線。「畛」指界線，音「ㄓㄣˇ」。

20 矧：況且。「矧」音「ㄕㄣˇ」。

21 秦、越之異：中國春秋時期，越國與秦國相距遙遠，引申為疏遠、不同的人事物。

22 乃：竟然。

23 同室而操戈：同一家人卻彼此拿戈相殺。比喻兄弟之間不和睦或團體內部互相爭鬥。

24 素：一向。

25 敦古：敦厚質樸。

26 菁華：比喻事物之最精萃、美好者。這裡指最傑出優秀的人。

27 嘖嘖：咂嘴聲，表示讚嘆、驚奇。「嘖」音「ㄗㄜˊ」。

28 元氣：指國家或社會團體得以生存、發展的力量。

29 剝削：這裡有消耗的意思。

30 邱墟：廢墟。「邱」同「丘」。

31 孽：禍害，音「ㄋㄧㄝˋ」。

32 釁起鬩牆：兄弟之間的糾紛，引申為國家或集團的內部爭鬥。「釁」指爭端、嫌隙，音「ㄒㄧㄣˋ」。「鬩」指爭吵，音「ㄒㄧˋ」。

33 物窮必變，慘極知悔：事物發展到盡頭必會改變，悲慘到了極點便會懂得後悔。

34 好生之德：愛惜生靈，不嗜殺戮的美德。「好」音「ㄏㄠˋ」。

35 在事諸公：當政和主事的官員。

36 更張：重新張設琴弦，引申為改易、革新之意。「更」音「ㄍㄥ」。

37 夙忿：從前的仇恨。「夙」指「以前的」，音「ㄙㄨˋ」。「忿」音「ㄈㄣˋ」。

38 愆：過錯，音「ㄑㄧㄢ」。

39 一體同仁：對人同施仁愛，不分厚薄。「一體」指整體、全部。

40 休：美善、美好。

問題與討論

1 鄭用錫寫下〈勸和論〉後，分類械鬥仍持續發生，你認為可能的原因為何？如果你是調和的主事者，你會提出什麼樣的方法來阻止械鬥？

2 下文為清代官員藍鼎元勸止械鬥的文章。請比較代表官方的藍鼎元和出身本地的鄭用錫，在「勸和」的立場與態度上有何異同？

藍鼎元〈諭閩粵民人〉（節錄）

汝等漳泉百姓但知漳泉是親，客莊居民又但知客民是親；自本鎮道府視之，則均是臺灣百姓，均是治下子民，有善必賞，有惡必誅，未嘗有輕重厚薄之異。即在汝等客民，與漳泉各處之人，同自內地出來，同屬天涯海外、離鄉背井之客，為貧所驅，彼此同痛。幸得同居一郡，正宜相愛相親，何苦無故妄生嫌隙，以致相仇相怨，互相戕賊？本鎮每念及此，輒為汝等寒心。

今與汝民約！從前之事，盡付逝流，一概勿論。以後不許再分黨羽，再尋仇釁，各釋前怨，共敦新好，為盛世之良民。或有言語爭競，則投明鄉保耆老，據理勸息，庶幾興仁興讓之風。敢有攘奪鬥毆，負嵎肆橫，本鎮執法創徵，決不一毫假借！其或操戈動眾相攻殺者，以謀逆論罪，鄉保耆老管事人等一併從重究處。汝等縱無良心，寧獨不畏刑戮？本鎮以殺止殺，無非為汝等綏靖地方，使各安生樂業。速宜凜遵，無貽後悔！

3 閱讀〈漳泉械鬥歌〉後，請比較作者對械鬥的看法和鄭用錫有何異同？

李逢時〈漳泉械鬥歌〉（1860）

漳人不服泉州驢，泉人不服漳州豬。終日紛紛列械鬥，田園廬舍相侵漁。
臺灣自昔稱樂土，漳人泉人久安處。邇來強悍風氣殊，更望何人固吾圉。
甯長敬，林國芳，挾富挾貴無王章。艋川搖動鯨鯢竄，蟲沙猿鶴罹奇殃。
我聞干豆有古寺，土人於此驗災異。今年鐵樹又開花，械鬥從中有天意。
天意冥冥不可解，紅羊換劫總堪駭。殺人如草死如眠，骷髏屯積血飄灑。
君不見，漳人泉人鷸蚌持，粵人竟得漁人利，漳人是豬泉亦豬。
又不見，長敬國芳號令行，漳泉各受二人制，泉人是驢漳亦驢。

寫作練習：公共評論三步驟

「公共評論」是以社會議題、公共事務為主題的評論文章。在民主時代，公共評論更是公民表達意見的重要手段。當你對任何社會議題、公共事務有自己的看法時，更可以透過公共評論來提供意見、激起討論甚至凝聚共識。為了增進溝通效率，公共評論通常會用簡潔有力的格式來撰寫，我們可以將之分解為三個步驟：提出論點、說明論點、行動呼籲。在文章的最開頭，作者會先提出他對問題的看法，這便是「提出論點」，如〈勸和論〉一開始便點出「分類是問題的根源」這個看法。接著，作者會進一步說明這個論點為何正確，此即「說明論點」，就像本課的第二、第三段。最後，從這個論點出發，我們便可以推導出解決方案，呼籲讀者採取行動，這便是「行動呼籲」，如本課「願今以後」之後的句子。

請閱覽報紙或上網搜尋最近一個月的社會議題，挑出其中一個議題，以「公共評論」的形式寫出你的看法。文長五百字左右，並分別標示出你文章中負責「提出論點」、「說明論點」和「行動呼籲」的段落。

延伸閱讀

文字

1 鄭用錫，《北郭園全集》，龍文出版社，一九九二。
2 劉家謀，〈海音詩〉一百首之四十七，《全臺詩》第伍冊，國立臺灣文學館，一九九四。
3 查元鼎，〈小雨初晴泛舟之蘭岡〉，《全臺詩》第陸冊，國立臺灣文學館，一九九四。
4 林占梅，〈癸丑歲暮苦苦行〉，《全臺詩》第柒冊，國立臺灣文學館，一九九四。
5 陳肇興，〈遊龍目井感賦百韻〉，《全臺詩》第玖冊，國立臺灣文學館，一九九四。
6 藍鼎元，〈喻閩粵民人〉，《東征集》，國史館臺灣文獻館，一九九七。
7 徐宗幹，〈與臺屬紳耆書〉，《斯未信齋文編》，國史館臺灣文獻館，一九九七。
8 王湘琦，《俎豆同榮：記頂下郊拚的先人們》，聯合文學，二〇一〇。
9 莊永明，《臺北老街》，時報出版，二〇一二。
10 顧敏耀，《海國詩志：清領時期古典詩中的社會與文化》，國立臺灣文學館，二〇一三。

音樂

1 閃靈樂團演唱，〈大械鬥（失竊千年）〉，收錄於《武德》專輯，二〇一三年。

第三課　自以為的客觀性

題解

本文選自《画哲學：三十個哲學家和他們腦子裡的怪奇東西》，並由作者略微改寫而成。《画哲學：三十個哲學家和他們腦子裡的怪奇東西》是一本由作家朱家安與插畫家Summerise共同創作的書籍，共介紹三十名哲學家及其重要論點。〈自以為的客觀性〉介紹哲學家哈斯藍爾提出的「自以為的客觀」這個觀念，說明許多人們以為「客觀」的想法，其實夾帶了許多社會大眾的成見。本文特別以「男性」或「女性」這類看似客觀的身份分類，討論其中可能夾帶的偏見，刺激讀者進一步思考日常生活中的理所當然，是否減損了人們的選擇自由？

〈自以為的客觀性〉在收錄於書中之前，先是以網路專欄的形式，發表在新媒體網站「香港01」。因此，我們閱讀本文時，可以注意網路媒介如何影響了文章的寫作方式。由於網路的讀者是以手機、電腦等工具來閱讀，對視覺的壓力較大，因此文章的段落會比傳統紙本媒體要短；此外，讀者在網路上閱讀的節奏也比較快，所以更要清晰、明瞭切入重點，減少迂迴的修飾；最後，雖然本文討論的是抽象的哲學概念，但作者善用日常生活中的案例，讓讀者可以迅速理解、並且應用於實際的生活情境中。這些都是新媒體時代的文字特色，若與其他文學作品相較，便可以清楚看到不同目的、面對不同讀者時，寫作策略也會有所不同。

作者

朱家安（西元一九八七年—），臺灣宜蘭人。中正大學哲學研究所碩士，現就讀於中正大學哲學研究所博士班。西元二〇〇七年起，開始撰寫部落格「哲學哲學雞蛋糕」，進行哲學的普及推廣。西元二〇一二年創辦「簡單哲學實驗室」，隨後亦擔任「沃草公民學院」主編，致力於將哲學思考與社會議題結合在一起。

朱家安具有英美「分析哲學」背景，強調概念上的清晰與簡潔。在寫作風格上，朱家安亦力求清晰、簡潔，文字不作多餘修飾，也擅長以精準的當代案例來說明抽象概念。除了在哲學推廣方面努力外，也是年輕一代頗受矚目的網路專欄作家，是適應新媒體環境的新形態寫作者。著有《哲學哲學雞蛋糕：給動腦偏執狂的娛樂零嘴》、《護家盟不萌？》、《画哲學：三十個哲學家和他們腦子裡的怪奇東西》。

自以為的客觀

學生要有學生的樣子，男生要有男生的樣子，女生要有女生的樣子。有些人認為這些說法符合事實，也有道理遵循。雖然說性別平等，不過至少統計上，男性女性一輩子做的事情和分工還是不太一樣。有家室的男性若沒擔任養家任務，會被一些人覺得不太對。事業有成的女性受到媒體專訪，一定會被問到「如何兼顧家庭與工作」，而沒結婚沒家庭的女人，則可能因此被懷疑專業和負責的能力。這些現象有道理嗎？如果社會並非一定要是這個樣子，那社會是怎麼變成這個樣子的？[a]

提問

[a] 在文章開頭，作者提出了哪些社會現象的觀察？基於這個觀察，作者提出了兩個問題，你直覺的答案是什麼？請帶著你的答案接著往下讀，比對作者的論點和你的答案有何異同。

從事實是怎樣到應該要怎樣

描述（descriptive）和規範（normative）是哲學上的一對重要概念。[1] 粗略來說，如果一個命題只是純粹在講世界長什麼樣子，並沒有指導或價值判斷的意涵[2]，那這個命題就是描述性的。如果一個命題是在講世界應該要是什麼樣子，或者什麼樣子比較好，這個命題就是規範性的[b]。例如：

描述性的命題

- 前任臺灣總統是馬英九。
- 放屁的時候點火會爆炸。
- 我昨天捐了血。

規範性的命題

- 馬英九是個好總統。
- 你可以在同學放屁的時候點火。
- 只要條件許可，人都應該要去捐血。[c]

想想這個問題：「你是男性」這個句子是描述性的，還

[b] 在這裡，作者提出了「描述性命題」和「規範性命題」兩個概念。請先不要往下讀，光憑這段文字的定義，各寫出一個「描述性命題」和「規範性命題」的例子。寫完之後，再請你對照下面幾段的舉例，思考你的例子是否適當。

[c] 在這幾段，作者為「描述性命題」和「規範性命題」各舉出了三個例子。你能否看出這三個例子之間的關係？這樣的舉例方式，能否幫助讀者理解這兩個概念？為什麼？

是規範性的？

第一反應上，你或許會認為這是描述性的：我是不是男性，看看我的基因或相關性徵就可以知道了，這哪裡涉及指導或價值判斷？

在生物學上確實是這樣，不過在社會上，有時候「你是男性」這個句子背後的意涵，並不限於描述你的基因組合和性徵，而是包括：

- 你應該要勇敢不懦弱、避免展現情緒、在別人面前哭泣。
- 班上需要搬桌子的時候，你不該讓女生去做。
- 你不適合當托兒所老師或護理師。
- 你以後最好要娶個老婆，至少生一個男孩，除非你的兄弟已經先搞定了。

這些說法都是規範性的，當它們出現，代表既然你是男性，就應該要以某種特定方式過活，不然不算是個成功的人。[d]

當規範成為事實

我們似乎可以說，就算「男性」這個概念不是規範性的，在社會上，也有一大堆規範性觀念，跟「男性」這個概念綁在一起。你可以想像，當這些觀念行之有年，下面這些現象可能真的會出現：

- 大部分的男性比較勇敢，很少在別人面前哭。
- 大部分男性會主動搬桌子。
- 托兒所老師和護理師大部分不是男性。

d 在這幾段中，作者提出了「你是男性」這個句子，讓讀者試著判斷是「規範性」還是「描述性」。根據這幾段的討論，你認為這個句子屬於哪一種？這樣的討論，對你理解「規範性」和「描述性」是否有幫助？為什麼？

・大部分中年男性有家室，而沒有家室的那些，則覺得自己虧欠祖先。

規範性觀念在社會上起作用，讓自己成真了。在這時候，如果剛好有缺乏社會學常識的外星人前來地球觀察人類生態，他們恐怕會得出這樣的結論：

「地球人大致上可分為有XX染色體的女性，以及有XY染色體的男性。除了少數異常案例，男性天生比較勇敢、喜歡搬重物、不會擔任托兒所老師和護理師、會成家立業。」

讓我們整理一下：

一開始，你因為描述性的性別差異，而在社會上背負一些規範性的要求，基於社會壓力，你最好照著做。

再來，當多數人都照著做，看起來就好像大家基於性別差異，天生就會實現那些規範性的要求一樣。

最後，沒有實現那些要求的人，例如具備陰柔氣質、[3]力氣小、細心喜歡照顧病人小孩的男性，似乎變成某種「比較不正常」的男性。舉例而言，指責別人沒擔當時最直接的說法是「你怎麼這麼沒擔當？」但如果對方剛好是男人，我們可能會改用「你這樣還算是個男人嗎？」

然而，如果有擔當是種美德，應該適用於所有人，不是嗎？[e]

自以為的客觀

以上那些說法當然不只適用於男性，想想這些不見得正確的刻板印象：

[e] 從這個問句來看，你認為作者為什麼要討論「你是男人」這個命題？他對這個問題的立場是什麼？

- 多數女性不擅長數學，但善解人意。
- 原住民平均學歷不如漢人，多數住在偏遠地區。
- 新住民的小孩學業表現多半比較差。
- ……

就算我們好像「客觀」觀察到某些族群擁有某些特質，並不代表那些特質是他們天生就有，有可能是社會觀念規範成功的結果。如果忽視這種可能性，草率判斷說女性「本來」就數學不好、原住民「本來」就不擅長讀書，我們恐怕就太自以為是了。[f]

哲學家哈斯藍爾[4]（Sally Haslanger）把這樣的情況稱為「自以為的客觀」[g]（assumed objectivity），並用來分析現代社會的女性處境。

f 在這一段中，作者使用了好幾個引號。請說明這幾個引號所隱含的意思為何？作者透過這個標點符號，向讀者暗示了什麼想法？

g 在這裡，作者在「規範性」和「描述性」之後，提出了第三個概念「自以為的客觀」。這三個概念之間的關聯是什麼？為什麼作者要先講前兩個，再講第三個？你可以用口頭、文字說明，也可以試著圖解這些概念之間的關係。

在多數現代社會，家務和育兒工作多半由女性負擔，涉及決策的工作崗位通常不由女性擔任，女性和男性擔任相同工作時，薪水通常較低，女性被認為不擅長邏輯運算，但細心和善解人意、個性輕柔不強硬。上述這些現象我們都看得到，甚至可以察覺它們之間互相的因果關聯。

如果前述外星人第一次來地球考察，或許會說這些就是女性地球人的「天性」。你可以猜到哈斯藍爾不滿意這樣的答案。她認為這些特質不但並非女性與生俱來，而且是女性在多數社會的歷史上長久以來被當作男性的附屬品和工具（特別是用來輔佐男人成功、發洩性慾以及生育……）的結果。例如說，現代人認為「溫柔體貼」是女人的天性，但從哈斯藍爾的觀點來看，歷史其實是這樣發展的：

1.男性希望女性溫柔體貼；

2.男性藉由種種社會規範迫使女性溫柔體貼；

3.男性觀察到女性溫柔體貼；

4.男性判斷，溫柔體貼是女性的天性。

我們確實可以「觀察」到，比起男性，女性更溫柔體貼，因此自然很容易把溫柔體貼當成女性的天性。既然是女性的天性，「強迫」就被美化為讓女性「適性發展」；既然是「天性」，「希望」女性符合自身的天性不但沒什麼不好，而是真正地把女性當成女性，不但沒有貶低女性，而且是一種美事。

社會製造了事實，再觀察到這些事實，這些自以為客觀的觀察，讓整個社會誤以為說，繼續製造這些事實是正

在這篇文章中，作者使用許多條列式的段落來說明概念。你覺得這樣寫會有什麼效果？如果把這些條列式的段落，改寫成一般敘述式的段落，會跟現有的感覺有何不同？

確的選擇，不容易發現這些結構其實限制了女性自主選擇並實現她們想要的美好人生。如果社會應該讓大家都有最大同等機會實現自己想要的美好日子，我們有理由注意這些「自以為客觀」的現象，避免它們走窄了大家的人生。[i]

＊感謝賴天恆、蔡宜文和張智皓給本文初稿的諮詢建議。[j]

i 讀完文章最後一個例子，請回頭去看文章最開頭的案例。觀察這篇文章的開頭與結尾，你是否發現什麼值得注意之處？

j 在文章最後，作者感謝了他人對文章的幫助。你覺得這樣寫有何意義？如果你在他人的幫助下完成一篇文章，你會如何表達謝意？

注釋

1 命題：哲學用語，指的是對某件事、某個現象的陳述。

2 價值判斷：指的是人們基於價值觀而進行的判斷，比如美醜、好壞等。

3 陰柔氣質：通常被歸類女性特質的一系列特徵，例如敏感、重感情、性格柔軟、較不願意競爭或傷害他人等，有時甚至被認為是懦弱、缺乏決斷力。然而上述觀念其實是一種刻板印象，陰柔氣質並非專屬於女性，也並不是一種負面的特質。

4 哈斯藍爾（Sally Haslanger）：（西元一九五五年—）美國著名哲學家，麻省理工學院語言學與哲學系教授，在女性主義哲學、批判理論、社會哲學等方面卓有貢獻。

5 邏輯：哲學用語，是一套檢測推論是否有效的思考方法。

問題與討論

1 哈斯藍爾的說法有說服你嗎？如果沒有，你會怎麼反駁她？如果有，這個社會上還有哪些「自以為客觀」的觀察？

2 作者在文章中討論了三個抽象概念，以及與這三個概念有關的社會偏見。你認為，如果大多數人都能理解這些抽象概念，相關的社會偏見會被消除嗎？為什麼？

3 在第三冊中，我們曾選錄張惠菁〈福和橋〉，該文章原為紙本媒體《壹週刊》的專欄文章。而本課〈自以為的客觀性〉則是「香港01」的網路專欄文章。比較這兩篇文章的寫法來看，你能否找出網路時代和紙本時代的差異？從哪些段落可以看出來？

寫作練習：定義與舉例

當我們了解某些知識，要寫文章將這些知識介紹給不了解的讀者時，就會需要進行「定義」與「舉例」。所謂「定義」，指的是用盡可能簡單、直接的文字，說明那個概念「是什麼」。（上面這句話，就是在定義「定義」這個概念，你可以參考「所謂○○，指的就是ＸＸＸＸ……」的句型。）而所謂「舉例」，就是尋找符合上述定義的具體案例，讓讀者可以具體想像。舉例越貼近讀者的生活經驗，溝通效果就會越好。值得注意的是，這兩個步驟最好能緊接著出現，先「定義」之後立刻「舉例」，最能夠幫助讀者理解。比如本文「從事實是怎樣到應該要怎樣」這一節，作者先用一段文字定義了「描述性」和「規範性」兩個概念，接著馬上就舉出許多例子，就是這樣的結構。

請你從高中生活中學到的知識當中，選擇一個概念，用「定義和舉例」的方式，試著說明給家人、朋友或同學聽。你可以選擇任何科目的任何概念。「定義」最多不超過八十字，「舉例」最多不超過三百字。在能夠讓讀者清晰理解的狀態下，字數越低越好，你可以透過反覆練習來讓自己的表述更加精準、簡潔。

延伸閱讀

文字

1 強納森．海德特，《好人總是自以為是：政治與宗教如何將我們四分五裂》，大塊文化，二〇一五。

2 易夫斯．波沙特，《如果沒有今天，明天會不會有昨天？》，商周出版，二〇一五。

3 朱立安．巴吉尼，《你以為你的選擇真的是你的選擇？》，商周出版，二〇一六。

4 奈傑爾．沃伯頓，《哲學經典的32堂公開課》，漫遊者文化，二〇一六。

5 吉姆．霍爾特，《世界為何存在？》，大塊文化，二〇一六。

6 大衛．愛德蒙茲，《你該殺死那個胖子嗎？》，漫遊者文化，二〇一七。

7 朱立安．巴吉尼，《哲學家的工具箱》，麥田出版，二〇一八。

8 蜜雪兒．貝德利，《我們為何從眾，何時又不？》，商周出版，二〇一八。

9 田中正人，《哲學超圖解》，野人，二〇一八。

10《法國高中生哲學讀本》（全五冊套書），大家出版，二〇一九。

影音

1 邁可．桑德爾「正義：一場思辨之旅」開放式課程影片。
https://www.youtube.com/watch?v=sHHa4ETr2jE

2 大學存在的目的？政治辯論為何淪為口水戰？｜哲學能做什麼？｜啾讀。第17集｜啾啾鞋
https://www.youtube.com/watch?v=4g7V3HNDKXU

第二單元

自我安頓

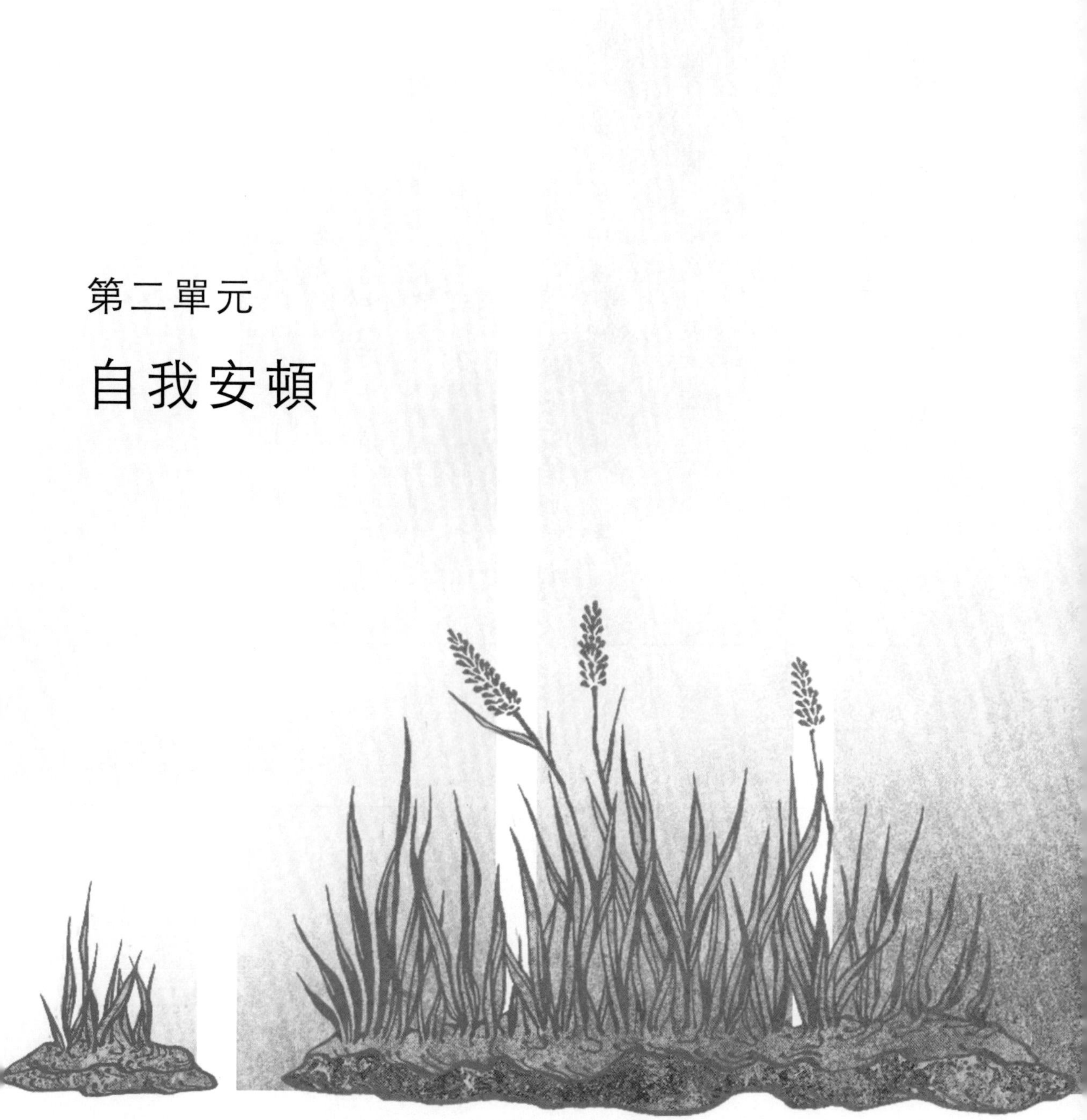

導言
自我安頓

本單元的主題是「自我安頓」。

上一單元談「公共生活」，討論範圍廣大的社會生活，這一單元突然凝縮到「自我安頓」，乍看似乎有些跳躍。但事實上，「公共生活」與「自我安頓」是一體兩面的事情。每個人都有一套「社會應當如何」的想法，然而並不是每一個想法都能夠成為社會主流。而當我們所持有的想法不被社會主流接受、無法發揮影響力時，我們該如何自處？

在這種狀態下如何調適身心，便成為了文學作品中「自我安頓」的主題。從帝制時代到民主時代，政治與社會的型態不斷改變，人們自我安頓的方法有所不同，但「失意」這種情感一直都是存在的。在中國古典文學中，理想不能伸張的貶謫文人往往寄情於山水、試圖讓自己的心情豁達，他們「失意」於君王之不寵信，而有「總為浮雲能蔽日，長安不見使人愁」的句子。而在現代文學裡，文人也常常因為無力扭轉社會風氣而無奈，譬如第一冊收錄的魯迅。

本單元所選的三篇文章，也都是在不同時空下的自我安頓議題。第一篇是蘇軾的〈赤壁賦〉。寫下這篇文章時，蘇軾正因為政治鬥爭而被貶謫。〈赤壁賦〉強調從「不變」的、宏觀的視野來看，一時之間的人世紛爭就顯得渺小，因而能夠放開心胸，與天地萬物共存。這固然表達了豁達的境界，但考慮到作者被貶謫的背景，這種「豁達」更是一種自我安頓的說法吧。閱讀時，你可以反向思考：如果作者仕途順利、所有理想皆能圓滿，這篇文章會不會有不同的面貌？值得注意的不只是蘇軾的「豁達」，更可進一步思考「為何他需要豁達」？

「貶謫」是帝制時代的獨有處境，到了現代國家，「失意」依然存在，只是會以另外一種形式展現。陳列的〈無怨〉便是本單元的案例。陳列在臺灣的戒嚴時期入獄，〈無怨〉描寫的就是他的牢獄經驗。戒嚴時期的言論審查鋪天蓋地，政治的肅殺扼殺了言論自由，知識分子縱有千般理想也難以說出口，更別說實行了。因此，〈無怨〉描寫的牢獄之苦並不在肉體上，而更是精神上的。你可以注意文章中不斷提及的「想」或「思考」這類關鍵字，試著體會作者如何在這種窒息一切思想的環境裡，仍努力保持著自己的理想性。

而最後，我們要來談的是簡莉穎的〈服妖之鑑〉。這是一個複雜的故事，每個人身上都有錯綜難解的身分認同問題。在國家暴力的威脅下，不但公共層面的政治意見會被審查，連個人的性別認同都會成為原罪。在課文的中後段，「變態」與「共產黨」的選擇，凸顯了凡生不可退讓的認同底線，更讓我們看到「自我」之於人的重要性，即便那樣的自我認同是別人不能理解的。如果是你，你會如何定義「自我」？有什麼是你就算遭遇壓迫，也不會輕易放棄的自我認同？

從公到私，從公共生活到自我安頓，這個一體兩面的概念在談的其實就是「我」與「社會」之間的關係。我們無法離群索居，因此勢必要遵守群體的規則；但反過來說，我們每個人都是獨特的，也不應該讓群體的規則完全定義我們的存在。「我」與「社會」的永恆拉扯，是文學中歷久不衰的主題，也是每個世代的人類——也包括我們，都將花一輩子去面對的課題。

第四課　赤壁賦

題解

本課〈赤壁賦〉選自《蘇軾文集》，作於西元一〇八二年，但由於該年十月蘇軾又創作〈後赤壁賦〉，因此本課這篇〈赤壁賦〉又被稱為〈前赤壁賦〉。西元一〇七九年，蘇軾經過「烏臺詩案」的政治鬥爭後，被貶為黃州團練副使，是其仕宦生涯中第一次重大挫敗。此一時期的作品，一方面反映其落魄失意與對政治鬥爭的畏懼，另一方面，又受到道家、佛教思想的影響，從當下的生活點滴闡發哲思理趣。

〈赤壁賦〉便是蘇軾貶謫黃州時期的代表作之一。首先，作者描繪自己的化身「蘇子」與洞簫客遊覽赤壁的景色，引發「蘇子」飄然出塵的感受；接著，由洞簫客提出曹操、凡人之有限與大自然之無盡的對比，引出人生意義終究短

暫的感慨；最後，由「蘇子」提出換位思考的觀點，消融洞簫客的悲情——觀看、享受「不變」而無盡的大自然，便能超越個體生命的有限性。

〈赤壁賦〉也被視為宋代「文賦」的代表作。一般辭賦常見以下幾點特徵：一、多方面的鋪敘事物。二、設定兩名以上的角色彼此問答，比較觀點或所鋪敘事物的高下，最後由一方勝出，和解收場。三、多用華麗辭藻與典故。但〈赤壁賦〉卻彰顯了宋代「文賦」對辭賦傳統的繼承與創新，像是：一、並未專詠一事一物，然而「水」與「月」這兩個意象隱伏全篇，由此開展出寫景、抒情與議論等層面。二、依然使用主客問答的手法發展議論，最終推導出主客都能認同的哲理。三、用字遣詞接近散文，句數、押韻皆不規則，典故較少，顯得自然平易。四、不再以鋪敘景物為重點，有篇幅較多的哲理議論。此外，關於辭賦更詳細的說明，可參見第二冊第四單元「中國文學史——漢魏六朝」、第三冊第四單元「中國文學史——唐宋」對辭賦的介紹。

作者

蘇軾（西元一〇三七—西元一一〇一年），字子瞻，號東坡居士，北宋眉州眉山人（今中國四川省眉山市）。其父蘇洵、其弟蘇轍皆為北宋傑出的古文家，後世合稱為「三蘇」。西元一〇五七年考取進士，極早就嶄露才華。然而，因王安石變法引起的新黨、舊黨長期的政治鬥爭，使他難有作為。由於與王安石不合，他自請外調擔任地方官職，治績優異。西元一〇七九年，新黨人士羅織蘇軾詩作譏刺朝廷變法，將他拘捕下獄，幾乎死刑，後來才改貶為黃州（今中國湖北省黃岡市）團練副使，史稱「烏臺詩案」。西元一〇八六年，舊黨重新得勢，他回到中央政府任職，不久又因不贊成舊黨盡廢新法而外調地方。西元一〇九四年後，新黨又再度得勢，陸續將他遠貶至惠州（今中國廣東省惠州市）與儋州（今中國海南省儋州市）等地。西元一一〇〇年得赦，因病卒於北返途中。

蘇軾可以說是中國少數的全才型藝術家。中國當時主要的藝術體裁，如詩、詞、賦、古文、書法、繪畫等，他都取得不凡的成就。尤其是在貶謫期間，往往以藝術創作抒發感懷或闡發哲理，誕生許多後世公認的經典作品。其詩風格豪放、清新、平淡兼而有之，也體現宋詩重理趣、好議論的特色；其詞突破宋詞往往以女子口吻書寫愛情的婉約風格，以之言志、議論，開創出「豪放派」；其賦融入散文句法與說理議論，代表宋代「文賦」的藝術成就；其古文平易自然而靈動不羈，其隨筆小品影響了晚明開始流行的小品文。除了藝術技巧的高明，後世更多著迷於其作品透顯出的樂觀豁達。

壬戌之秋[1]，七月既望[2]，蘇子與客泛舟，遊於赤壁之下[3]。清風徐來，水波不興[4]。舉酒屬客[5]，誦「明月」之詩，歌「窈窕」之章[6]。少焉[7]，月出於東山之上，徘徊於斗、牛之間[8]。白露橫江[9]，水光接天。縱一葦之所如[10]，凌萬頃之茫然。浩浩[11]乎如馮虛御風[12]，而不知其所止；飄飄乎如遺世獨立[13]，羽化[14]而登仙。[a]

於是飲酒樂甚，扣舷[15]而歌之。歌曰：「桂棹兮蘭槳[16]，擊空明兮溯流光[17]。渺渺[18]兮予懷，望美人兮天一方。[b]」客有吹洞簫者，倚歌而和之[19]。其聲嗚嗚然，如怨如慕[20]，如泣如訴，餘音嫋嫋[21]，不絕如縷[22]，舞幽壑之潛蛟[23]，泣孤舟之嫠婦[24]。[c][d]

蘇子愀然[25]，正襟危坐[26]，而問客曰：「何為其然也？」客

提問

a 在這一段中，哪幾句是敘述事件？哪幾句是描寫外在景色？哪幾句是抒發內心感受？讀完這一段之後，你的腦海產生什麼樣的畫面？

b 第一段引用《詩經・陳風・月出》，原詩寫的是對美麗女子的思念，此處則由「蘇子」唱楚歌以感慨與美人天各一方。本篇為什麼要重複提到「美人」意象？除了字面意涵外，請你試著結合作者生平資料，以及查找《詩經》與《楚辭》中關於政治影射的傳統解釋，思考此處的「美人」還有什麼詮釋的可能？（參考第一冊第十一課〈蒹葭〉）

曰：「『月明星稀，烏鵲南飛[27]』，此非曹孟德之詩乎？西望夏口[28]，東望武昌[29]，山川相繆[30]，鬱乎蒼蒼[31]，此非孟德之困於周郎者乎[32][e]？方其破荊州，下江陵，順流而東也[33]，舳艫[34]千里，旌旗蔽空，釃酒[35]臨江，橫槊[36]賦詩，固一世之雄也[f]，而今安在哉？況吾與子漁樵於江渚之上，侶魚蝦而友麋鹿[37]；駕一葉之扁舟[38]，舉匏樽[39]以相屬。寄蜉蝣於天地[40]，渺[41]滄海之一粟。哀吾生之須臾[42]，羨長江之無窮。挾[43]飛仙以遨遊，抱明月而長終[44]。知不可乎驟得[45]，託遺響[46]於悲風。」[g]

蘇子曰：「客亦知夫水與月乎？逝者如斯[47]，而未嘗往也。盈虛者如彼[48]，而卒莫消長也[49]。蓋將自其變者而觀之，則天地曾不能以一瞬[50]；自其不變者而觀之，則物與我皆無

c 本課「題解」提到，〈赤壁賦〉作為一篇「文賦」代表作，句法有散文化的趨勢，例如使用較多虛詞、代詞，句法較不整齊等，請你指出此段符合散文化特徵的句子。

d 從上段到這一段，情緒有了什麼樣的轉折？轉折的地方在哪一句？

e 從這句可以看到，作者認為讓東吳在赤壁之戰勝出的關鍵人物是誰？與你原先的認知是否相同？試著反思：你的認知從何而來？

f 〈短歌行〉與這段對曹操的描寫，在景象與情懷上有哪些呼應之處？事實上，至今我們無法知道曹操是在什麼時間、地方作了〈短歌行〉。作者讓這首詩成為曹操「橫槊賦

盡也，而又何羨乎？且夫天地之間，物各有主[51]。苟非吾之所有，雖一毫而莫取。惟江上之清風，與山間之明月。耳得之而為聲，目遇之而成色[52]。取之無禁，用之不竭。是造物者之無盡藏也[53]，而吾與子之所共食[54]。」[h][i]

客喜而笑，洗盞更酌[55]。肴核[56]既盡，杯盤狼藉[57]。相與枕藉[58]乎舟中，不知東方之既白[59]。

詩」的「詩」，你讀起來會有什麼感受？（參考第二冊第十課「古詩、樂府詩選」中選錄的曹操〈短歌行〉）

g 這一段中有許多不同層次的對比，請你舉出一個對比，並指出：以洞簫客的立場而言，哪一面向是正面的？哪一面向是負面的？

h 作者先從「天地曾不能以一瞬」，感受到生命的有限，在下句裡，他卻又提到「物」與「我」的「無盡」。請你試著思考，具體而言，「我」在什麼狀況下可以體會到「無盡」的感覺？

i 這一段顯然主要在議論哲理，與辭賦創作重視描寫事物的傳統非常不同，也引發後世論者不少反對聲音，如元代祝堯《古賦辯體》說：「賦之本義當直述其事，何嘗專以論理為體邪？以論理為體，則是一片之文，但押幾箇韻爾，賦於何有？」結合前面的段落來看，你認為此段議論的出現會過於突兀或說教嗎？為什麼？

注釋

1 壬戌：中國古代以十天干（甲至癸）、十二地支（子至亥）彼此搭配以紀年。此處「壬戌」指西元一〇八二年。

2 既望：指「望後一日」。中國古代一般以農曆小月（二十九天）之第十五日、大月（三十天）之第十六日為「望日」，此時為滿月之日。元豐五年七月為大月，故第十七日為「既望」。

3 赤壁：三國時吳將周瑜大破曹操之處，在今中國湖北省蒲圻縣之長江岸口。不過，蘇軾所遊之地是黃州東北方的赤鼻磯，當時流傳該處為赤壁。

4 興：起來。

5 屬：通「囑」，致意，引申為勸酒，音「ㄓㄨˇ」。

6 誦「明月」之詩，歌「窈窕」之章：「明月」之詩、「窈窕」之章，指的是《詩經．陳風．月出》詩的第一段：「月出皎兮，佼人僚兮，舒窈糾兮，勞心悄兮。」「佼人」即美人，「佼」同「姣」，美好，音「ㄐㄧㄠˇ」。「僚」同「嫽」，嬌美，音「ㄌㄧㄠˊ」。「舒」指舒徐，舒緩，形容美人從容嫻雅的姿態。「窈糾」意近「窈窕」，形容美人行走時的美好體態。

7 少焉：一會兒。「少」，音「ㄕㄠˇ」。

8 斗、牛：星宿（ㄒㄧㄡˋ）名，即斗宿、牛宿。中國古代天文學把星空分為「三垣」和「二十八宿」等三十一個區域，其中二十八宿指的是月亮每晚大約在一個宿附近住上一宿（ㄒㄧㄡˇ），隔晚移到下一個宿，二十八天後會再回到同一宿。根據考證，蘇軾當時所見的月亮不可能在斗與牛之間，可能只是文學慣用寫法。

9 白露橫江：白色的霧氣籠罩江面。

10 縱一葦之所如，凌萬頃之茫然：任憑小船在寬廣的江面上飄蕩。「縱」即「任憑」。「一葦」比喻極小的船，「葦」指葦草，音「ㄨㄟˇ」。

「如」即「往」。「凌」即「越過」。「萬頃」指江面極為寬闊。「茫然」形容曠遠無邊的樣子。

11 浩浩：水流盛大的樣子。

12 馮虛御風：乘風騰空而遨遊。「馮虛」即「憑空」。「馮」通「憑」，在此意指「乘著」，音「ㄆㄧㄥˊ」。「虛」指天空。「御」指駕御。

13 遺世：離開塵世。

14 羽化：中國古代傳說成仙之人能夠憑空飛升，彷彿生有翅膀。

15 扣舷：敲打著船邊，指打拍子。「舷」即船邊，音「ㄒㄧㄢˊ」。

16 桂棹兮蘭槳：桂木做的棹，蘭木做的槳。桂與蘭皆生長在中國古代楚地（大致在今中國湖南省、湖北省等地），會散發香氣，是「楚辭體」詩歌常用的意象。此句應是化用了屈原《楚辭．九歌．湘君》的「桂櫂兮蘭枻」。「棹」為船槳，借以指船，音「ㄓㄠˋ」。「兮」是表達感嘆的語氣詞，用於句中或句末，相當於「啊」，常見於「楚辭體」或歌謠，音「ㄒㄧ」。

17 擊空明兮溯流光：用船槳擊著江水中的月光，沿著流動的光逆流而上。「空明」指倒映在江水中的月光。「溯」即「逆流而上」，音「ㄙㄨˋ」。「流光」指在水波上閃動的月光。

18 渺渺：悠遠的樣子。

19 倚歌而和之：依照歌唱的聲調、節拍來演奏。「和」指聲音相應，此指聲調、節拍的呼應，音「ㄏㄜˋ」。

20 慕：眷戀。

21 餘音嫋嫋：尾聲婉轉而悠長。「嫋」形容音調悠揚不絕，音「ㄋㄧㄠˇ」。

22 縷：細絲，音「ㄌㄩˇ」。

23 舞幽壑之潛蛟：形容洞簫客的簫聲足以使潛藏在深淵裡的蛟龍起舞。「幽壑」為深谷，這裡指深淵。

24 泣孤舟之嫠婦：形容洞簫客的簫聲足以使孤舟上的寡婦哭泣。「嫠婦」即「寡婦」，「嫠」音「ㄌㄧˊ」。

25 愀然：容色改變的樣子。「愀」音「ㄑㄧㄠˇ」。

26 正襟危坐：整理衣襟端坐著。

27 月明星稀，烏鵲南飛：出自曹操〈短歌行〉，見課本第二冊第十課〈古詩、樂府詩選〉。

28 夏口：今中國湖北省武漢市。

29 武昌：今中國湖北省鄂州市。

30 山川相繆：山與江水彼此接壤，連綿不絕。「繆」通「繚」，盤繞，音「ㄌㄧㄠˊ」。

31 鬱乎蒼蒼：樹木茂盛、蒼綠的樣子。「鬱」即「茂盛」。「蒼蒼」為深青色、茂盛的樣子。

32 此非孟德之困於周郎者乎：指西元二〇八年，周瑜在赤壁之戰中擊潰曹操大軍。「周郎」即周瑜，二十四歲即擔任中郎將，故當地人皆呼為周郎。

33 方其破荊州，下江陵，順流而東也：指西元二〇八年，劉表卒，劉琮率眾向曹操投降。曹軍佔領荊州，進而敗劉備，獲取江陵，將沿江東下，討伐孫權。「方」即「當」。「荊州」在今中國湖南省、湖北省一帶。「江陵」為當時的荊州首府，位於今中國湖北省江陵縣。

34 舳艫：泛指船艦。「舳」為船尾，音「ㄓㄨˊ」「艫」為船頭，音「ㄌㄨˊ」。

35 釃酒：斟酒。「釃」音「ㄙ」。

36 橫槊：橫執長矛。「槊」即長矛，音「ㄕㄨˋㄛ」。

37 漁樵於江渚之上，侶魚蝦而友麋鹿：這兩句為錯綜修辭，意為「漁於江之上而侶魚蝦，樵於渚之上而友麋鹿」。「渚」為江邊的土地，音「ㄓㄨˇ」。「侶」即「以……為伴侶」；「友」即「以……為朋友」，皆為動詞。

38 一葉之扁舟：如一片葉子小的小船。「扁」形容「小」，音「ㄆㄧㄢ」。

39 匏樽：用葫蘆做成的酒器。「匏」即「葫蘆」，音「ㄆㄠˊ」。「樽」，酒器，音「ㄗㄨㄣ」。

40 寄蜉蝣於天地：此句以蜉蝣比喻人類生命的渺小，下句意同。「蜉蝣」指一種朝生暮死的昆蟲，音「ㄈㄨˊ ㄧㄡˊ」。

41 渺：此為動詞，表示動盪、漂流。

42 須臾：片刻，形容人類生命之短暫。

43 挾：原為夾在腋下或從旁箝夾，此為跟仙人一起的意思。「挾」音「ㄒㄧㄝˊ」。

44 長終：至於永遠。

45 驟：突然、忽然，音「ㄗㄡˋ」。

46 遺響：餘音，此指簫聲。

47 逝者如斯：如江水會不斷流逝。語出《論語．子罕》：「子在川上曰：『逝者如斯夫，不舍晝夜。』」通常認為此處的「逝者」意指「時間」。「斯」為代詞，此指江水。

48 盈虛者如彼：如月亮有圓的時候，也有缺的時候。「彼」為代詞，此指月亮。

49 而卒莫消長也：然而，月亮本身最終都沒有增減。「卒」即「最終」。

50 天地曾不能以一瞬：連天地之間的萬事萬物每一瞬間都不能停止變化。「曾」即「尚且」，音「ㄗㄥ」。「一瞬」指一眨眼的工夫。

51 物各有主：萬物各有其主宰。

52 惟江上之清風，與山間之明月。耳得之而為聲，目遇之而成色：這四句是錯綜修辭，意為「惟江上之清風，耳得之而為聲；與山間之明月，目遇之而成色」。

53 無盡藏：原為佛學用語，指佛德廣大無邊，此處泛指可以無窮無盡取用的寶藏。

54 食：引申為享用。較晚出版的通行本多作「適」，解為「適意」，然而較早版本與蘇軾親自書寫此賦的墨跡皆作「食」。

55 洗盞更酌：洗淨酒杯，重新斟酒。「盞」指小而淺的杯子，音「ㄓㄢˇ」。「酌」指斟酒，音「ㄓㄨㄛˊ」。

56 肴核：肉類與果類食品。

57 狼藉：傳說狼群常在草地上躺臥，離開時常將草地弄得一片凌亂以滅跡，後用此語形容凌亂不堪的樣子。「藉」音「ㄐㄧˊ」。

58 枕藉：以彼此為枕而躺臥。「藉」音「ㄐㄧㄝˋ」。

59 不知東方之既白：不知不覺間天亮了。「白」指東方日出的光線。

BOX

蘇軾〈念奴嬌·赤壁懷古〉（大江東去）

大江東去，浪淘盡，千古風流人物。故壘西邊，人道是，三國周郎赤壁。亂石穿空，驚濤拍岸，捲起千堆雪。江山如畫，一時多少豪傑。

遙想公瑾當年，小喬初嫁了，雄姿英發。羽扇綸巾，笑談間，檣櫓灰飛煙滅。故國神遊，多情應笑我，早生華髮。人生如夢，一樽還酹江月。

問題與討論

1 本篇課文以「水」與「月」貫串全篇，請你圈出作者以「水」、「月」描繪風景、寄寓情感與哲理議論的文句。你認為這樣重複使用同一意象，產生了什麼樣的效果？

2 本篇課文後半段透過洞簫客與「蘇子」的對話探討人類生命意義的可能性。洞簫客為凡人生命的倏忽即逝而悲傷，「蘇子」則轉向去體察自然萬物與自己生命共通永恆的一面。本篇課文由「蘇子」的觀點勝出，如果是你，會比較認同蘇軾還是洞簫客的觀點？為什麼？如果都不認同，你自己的想法是什麼？

3 本篇課文可視作作者面對貶謫的重大挫敗後，重新安頓生命意義的書寫。你從以前到現在感到最大的挫折是什麼？你如何處理挫折的情緒？

寫作練習：想像

在寫作時，我們常常會需要形容某一情況。但文字不比影音，能夠記錄下來的細節注定比較少。這時候，寫作者往往就會用「想像」來補充細節之不足。比如〈赤壁賦〉描寫蕭聲的段落：「其聲嗚嗚然，如怨如慕，如泣如訴，餘音裊裊，不絕如縷，舞幽壑之潛蛟，泣孤舟之嫠婦。」其實，蘇軾的文字並未紀錄當時的旋律，除了「嗚嗚然」以外，全部都不是實際的描寫。然而，透過「舞幽壑之潛蛟，泣孤舟之嫠婦」這樣的想像，蘇軾還是成功地讓讀者感受到蕭聲中的哀怨。

請回想一道讓你印象深刻的料理，寫一段文字描述它的味道。這段文字必須從真實的細節紀錄開始，最終轉入想像，讓讀者感受你吃它時的情緒。文長不超過二百字。

延伸閱讀

文字

1 陳新雄，《東坡詩選析》，五南圖書出版股份有限公司，二〇〇三。

2 林語堂著，宋碧雲譯，《蘇東坡傳》，遠流出版社，二〇〇五。

3 張志烈、馬德富等主編，《蘇軾全集校注》，河北人民出版社，二〇一〇。

4 劉少雄，《有情風萬里卷潮來：經典．東坡．詞》，麥田出版，二〇一九。

音樂

1 王菲演唱，〈但願人長久〉，收錄於《菲靡靡之音》，一九九五年。

2 許巍演唱，〈藍蓮花〉，收錄於《曾經的你》，二〇〇六年。

第五課　無怨

題解

本課〈無怨〉選自散文集《地上歲月》，是散文作家陳列的代表作。陳列因為白色恐怖入獄，後以〈無怨〉及一系列散文描寫牢獄之災帶來的感受與思考。作者透過「黑笛仔」、「船長」、「老林」三位獄友的言行細節，細緻呈現了服刑期間的窒悶氣氛，以及受刑人如何努力保持生存的意志，等待希望的到來。

〈無怨〉筆調舒緩，沒有太多跌宕起伏，用很多篇幅去描寫微小的事物，比如陽光、雨聲、草葉，帶來一種特殊的時間感。這種時間感與監獄生活的關聯，值得我們細細感受。而在白色恐怖、服刑的背景之下，作者對「讀書」和「思考」也有不同於常人的想法，這都是可以再三玩味的。

陳列的文字質樸節制，表面上沒有複雜的情節、激烈的情緒，實際上卻暗潮洶湧，有許多隱藏在字面以下的涵義。這一方面顯示了作者點到為止的文字功力，一方面也可能是為了應付戒嚴時期的政治審查。參照作者經歷的時代背景來閱讀，更能體會作者下筆的考量與暗示。

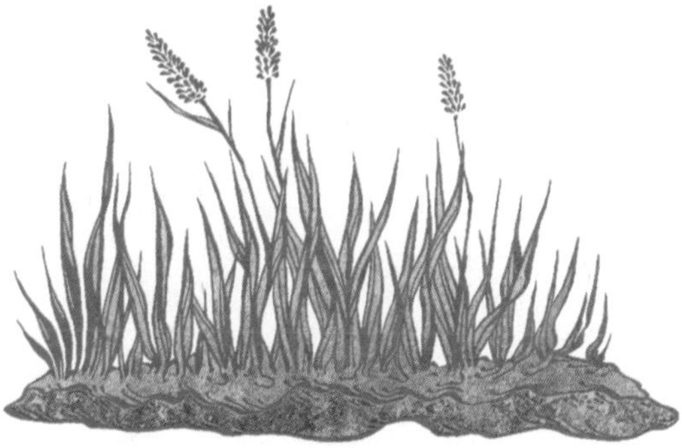

作者

陳列（西元一九四六年—），本名陳瑞麟，臺灣嘉義人。淡江大學英語系畢業，畢業赴花蓮擔任國中老師，此後便與花蓮有頗深的淵源。任教兩年後，為了準備研究所考試而辭去教職，隱居在太魯閣禪光寺讀書。隱居讀書期間被情治單位盯上，指控他之前在課堂宣傳「反攻無望」等言論，於西元一九七二年以「為匪宣傳」罪名被逮捕入獄，直到西元一九七六年才出獄。

出獄之後，由於政治迫害的陰影未散，陳列便以翻譯、寫作等不需要與他人接觸的工作維生。西元一九八〇年、一九八一年連續兩年獲得時報文學獎散文首獎，並在西元一九八九年結集出版《地上歲月》，為臺灣當代重要散文家。

解嚴之後，陳列曾投身政治運動，擔任民進黨花蓮縣黨部主委。西元一九九四年，民進黨推舉陳定南參與臺灣省長選舉，因為是臺灣歷史上第一次全島範圍的普選，而有「四百年來第一戰」

的稱呼。受此號召，陳列亦同時參與花蓮縣的省議員選舉，未能當選。西元一九九六年當選國大代表。

陳列作品不多但品質精當，風格看似節制平淡，實則蘊含深刻的人情事理。題材包含政治經驗、山川行旅、鄉土經驗。著有《地上歲月》、《永遠的山》、《人間．印象》、《躊躇之歌》。西元二〇一四年獲頒「聯合報文學大獎」。評審楊照指出：「他文章的口氣，從不超過他的內容；正因他不激動或戲劇性，才這麼有力。」

午睡在雷聲中醒來，脆急沈厚的聲音響在囚房外。[a]一場大雨應該就會接著而來的；我聞得出雨的味道。若在家鄉盛夏的平原上，這必是一番壯闊的景象：涼風、奔馳的陰雲以及稻田間頓時高昂起來的蛙鳴，然後，父親可能就會穿起雨衣，扛著鋤頭，要掘水路去。

可是現在，我只能從氣窗的花磚間望見幾格不成其為天空的割裂的昏暗色澤。

就在房間角落那個高出地板許多的廁所內，我曾多次踮著腳尖，透過鐵柵的空隙，凝視外面陽光或夜空下的市鎮，心中陣陣不安的饑渴和疼痛。[b]一個老犯人說，除了睡覺和吃飯之外，不要再看其他和想其他。[c]我懂得他的意思。行人、屋宇、遠處山腳下南下北上的火車等等全然和我們

提問

a 從一開頭，作者就點明了自己正在「囚房」內坐牢。請查閱「題解」與「作者」的資訊，說明他是因為什麼原因坐牢的？

b 請想像這句話的畫面。作者描述了「在廁所凝視窗外」的場景，為何這個動作會在廁所發生？考量作者當下的處境，這個畫面帶來了什麼樣的感覺？

c 老犯人說「不要再看其他和想其他」，從前後文判斷，你覺得「其他」可能包含什麼？

無關，生命裡的某些東西已經中止或完全死去，勢必隨感受而來的自憐情緒常會把人擊垮，對牆內的生存造成力量的損失，唯有使自己的心境進入心理學家所說的最後的妥協期[1]，接納事實並調整自己之後，才不致於發狂或活得很辛苦。一個盼望能有多久的堅持呢？回憶中的聲色又如何構成一丈見方的空間裡的活動內容？因此，在必要的工作之外，我們學習看書以及不思不想。[d]

對於書本，這裡的某些人是陌生的，[e]他們最熟悉的是拳腳刀劍恩怨之類的當下行動，並尊崇男人世界中某部分無關乎知識教誨的奇特價值。[f]但時地遷易之後[2]，書中的一個故事，一篇記述，便也可能是一次新奇的經驗，使他們逐漸忘去快樂與否以及刑期還剩多久等問題。睡在我旁邊

d 一般來說，我們會覺得多思考、多思想是好事。但在此處，作者卻說要「學習不思不想」，你能否解釋他此處的想法和感受？可與提問 c 的答案一併考慮。

e 我們在第一冊的〈初經人事〉中，講解了「轉場」的手法。請以「轉場」的原理，說明這一段與前一段是依靠什麼物件來「轉場」的。在這一課當中，還有哪些地方用了類似的手法？

f 這一句提到「這裡的某些人」，單從這一句話來看，你覺得可能是什麼樣的人？帶著你的答案讀完全文，後面的段落是否印證了你的答案？

的來自旗山的黑笛仔，曾經有過多少意氣揚揚的往事呢？他那全身龍蛇鷹虎雜處的黥墨就是那些日子的鮮明註腳。

3 可是，目前最令他著迷的是遊記。從他的專注裡，我可以想像到，書中的萬里風光必定溶化掉他胸中不少的騰騰熱氣，並使他打破了四壁的範圍，心思因而及於地球的每個涯角；許多完全不需提防的山水和人文在等著他，並進而讓他對未來懷著一些必須活著出去完成的秘密誓約。[g]

至於對我而言，書中滋味之一是能夠超越時間，與古人對坐交談。[h]他們一生的起伏、得意和悔悟，原原本本展開在我眼前。我似乎把握到了處榮與進取之間，眼淚與歡笑之間的微妙關係，以及所謂的永恆的意義。或者應該說，我在書頁裡所面對的是過去的自己，所關懷的是未來。只

g 從前文判斷，「必須活著出去完成的秘密誓約」可能是什麼？

h 光看這句話，你推測作者說的「超越時間」是什麼意思？在讀完這一整段後，請回頭過來思考「超越時間」四個字，與你原本推測的意思有何異同？

是沒有現在。某個哲人說，生活不該是為明天而準備，而是快樂充實地活過每個今天。我要說的是，當我在唸書時，日子就那麼容易地過去了。[i]

假使累了，那就儘量什麼也不去想吧。偶爾的不思不想原就是一件好事情。[j]在生命中空出某些時候，讓它們遠離名利憂患，永遠有助於面貌的清滌。梭羅[4]在生活的書頁上所留下的寬闊的白邊，非但不是浪費，而且是一種力量的充實；國畫中留白[5]所生的無限張力[6]和完整性，絕不是任何線條或色彩所能造出的。在一段時間的吵雜和匆忙之後，那是人真正端詳自己的時刻。我隨意走著，坐著，不必很累地去注意他人或計算事情。

現在，三個室友似乎都很平靜地閉目躺著，或許也在

i 在這一段中，作者提到了好幾個時間點。其中，哪些句子是關於「現在」的？從他描述「現在」的句子中，你能否推測出作者的感受？

j 此處再次提到了「不思不想」。上次出現「不思不想」的位置在哪裡？第一次出現「不思不想」的那句話，提到了兩種「學習」，是哪兩種？從那一句話開始，到現在這句話，共有三段，請分別指出這三段分別是在談論哪一種「學習」。

追憶或想望一個流動的世界，或許在嚼噬[7]著自己的不幸或悔疚[8]，或許什麼都不是，而是真正在全心全意的睡眠。因為到底憂思還是免不了的，再加上前些時日的工作，的確夠讓人疲累的，而另一次足以引起心情波動的任何變化又不知何時將會到來。

如果有陽光，從西邊牆壁上方的花磚間射入的幾塊菱形光線，現在應該落在第七條地板橫木上了。那也就是老林右腿附近的位置。等到陽光移到第八條地板時，有時就會聽到獄吏的鐵底皮鞋走在長廊上的聲音，而後是某個鐵門開啟和關閉的轟然撞擊聲。我們知道，下午的審訊和工作又開始了。在陽光的移動中，有人將要為個人的自由或甚至於生命和法律爭執幾個鐘頭，有人則將在工廠區為某個團體縫製一定數量的筆挺制服。

陽光共有十二塊，成三行排列。在這個七月的上旬，大抵在午飯後不久就會出現。我第一次注意到它是在我進來第三天的午後。我無心地翻閱著黑笛仔擺在枕頭邊的《海天遊蹤》。夜裡永遠亮著的日光燈早已隨著白天的到來而關熄了，書上的文字還算清楚可見。許多事情令我煩慮。等我再低頭時，卻看到了泛黃的書頁上有著兩小塊柔和的亮光，手背和地板上更多。幾乎整個下午，我就那樣定定地看著，我從沒有想到，陽光移動的腳步竟會那般令人怦然心動。以前，我們當然都見過陽光，但絕不會想到它可以分割成多少塊如此細碎的光芒，更怎會想到自己會為幾小塊投射在房間內的光線而激動，而守候呢？而且，往往就

在這樣的守候裡，一天過去了。k

然而今天下午，陽光是不會來的了。從聲音就可以聽出雨已開始急促地落下；我辨認得出它分別打在鐵皮屋頂上、樹葉上和水泥地上的不同聲響。l 但只要它能在夜裡停止，不妨礙明早的放風散步，我們便無所謂風雨。但船長除外，船長對於晴朗以外的任何天候都感到焦躁。

其實他沒當過船長，他只是一隻近海漁船上的一位射魚手。他不識字；大家在看書時，他那副一八二公分高和約八十五公斤重的軀體就伏在地板上，用原子筆在白報紙上畫魚，一邊哼著無言的歌調，聚精會神的模樣恰似小孩作畫的虔誠神情。他仔細地一筆一筆勾勒，反覆地畫著各種旗魚和鯊魚，並且添上起伏的波浪。不必做工的時候，

k 此處很細緻地描寫了陽光移動的細節，以及陽光的位置所呈現的時間感。你曾經注意過陽光嗎？從作者的處境來思考，請試著解釋作者為什麼會如此注意陽光移動的細節？

l 此處提到「今天下午」開始下雨。請找出上一次出現「下雨」的段落。找到之後，請區分目前為止的所有段落中，哪些段落是「描寫當天情景」？哪些段落是「描寫過去經驗」？

一天也只往往完成一張。然後，如果看到別人在欣賞，他便會不好意思地微笑，並解釋那條魚的特徵，然後把它疊放在屋角。認真地畫著那些線條時，他絕不至於想到藝術或者它的技巧和功用吧！他只是想把最難以忘懷的過去生活中的因子描繪得盡可能真確而已。大海必然喜歡他那壯健的身體。他站在船頭，把魚鏢擲向旗魚的姿勢，會是一種怎樣叫人興奮的美呢？可是，他還得離開他所熟悉的海洋九年。陰霾的日子裡，他總是繃著臉，悶急地來回走動，把地板踏出重重的響聲。難道他仍在擔憂如何使漁船迅速駛入某個避風港，或收穫的微少嗎？m

心情愉快的時候，譬如說，收到女兒的來信時，他會把手伸出廁所壁上的鐵條外，開玩笑地對大家說：「來啊，

m 從前文提供的細節來看，你覺得「船長」為何會對「雨天」感到焦躁？雨天時，他心裡可能有什麼感受？

摸一下社會。」[n]「空氣好香啊」一樣，其中給人的突兀感覺所引起的已不是可笑或可憐了，而是一種難以言喻的生之哀愁。在強說愁的年齡，人才會嚮往孤煙寒水或花月一類的景致。塗佈著浪漫理想色彩的心，希望集酸甜苦辣於一身，且羨慕豪邁卻落魄的英雄，盼望死得淒美或悲壯。真實的人生畢竟不是如此。船長和老林等人將告訴你，到達某個年歲之後，隨著受傷害的增多，人變得卑微而無奈了，並且挨向人群尋求安全和溫暖。對於這些臉上刻著風霜的人所作的嘆語，你說那是浪漫呢，還是稚氣？

人生當中的確會有若干讓人無言以對的時候的。[9] 幾個月前的一段時期，我也往往在每天二十分鐘的散步時，蹲在水泥散步場邊，撫摸著外圍草地上尖稜的草葉。手心所

[n] 你覺得「摸一下社會」這句對白，帶給你什麼感受？你能否說明船長說這句話時的心情？

感受的那種刺人的微癢迅速傳遍全身，幾乎令人掉淚和暈眩。那些綠意使我想起我生命中永遠不再回來的一些熱情和狂傲。

那個秋天，那個初識的女孩陪我逃向更深的山區，興奮地要找一個地圖上標明的水源，並且相信，如果能夠到達那裡，就會走上通往一處美麗海灘的一條公路。我們穿行在佈滿荒蓁密蘿[10]的山巒[11]間，在微凹的洞穴過夜。冷氣把我們凍醒。柴火早已熄火了。我們對坐著說話，聽鳥獸的叫聲，等待黎明。後來，我們躺在山頂的一片緩緩下斜的草原上，望著全無阻擋的藍天和白雲，那個女孩把那次經驗總結為「偉大」。放風仰望天空時，我總會看到在屋頂平臺上踱步的荷著槍的警衛。我也總是這麼想，他所守護的

你在接近草叢時，曾有過一樣的感受嗎？為何作者對草叢的感受如此強烈？

是不是正是我們那天看到的那一片靜默的天地？

剛來的時候是冬天，散步場四周水泥牆上的藤蔓只空
12 留著皺瘦蕪雜的枝條，灰底黑紋，那股蒼涼已不只是版畫
般的典麗而已了；它似乎還在提醒我些什麼。角落裡的一
棵大開白花的山茶，不知在綻放給誰看。不動聲息游移的
冷風。現在，經過了一個春天，那片老邁的藤蔓才逐漸長
出澀紅的新葉。p 等到這場雷雨之後，整面牆也許不久就會
蓋滿一層在風裡招搖的綠色了。只是，對於這些，我們一
天至多也只能看個二十分鐘而已。獄吏的哨音一起，我們
就得匆促地離開那四面牆圍出的一角自然，告別一天之中
顏色最多的所在，然後走上迴梯和密閉的走廊，再度回到
二樓的這個小室。

p 從目前為止所有與季節相關的描述，配合「題解」與「作者」欄的資訊，請推測這篇文章描寫的「當下」是在哪一年？可能是哪幾個月份？

一般說來，只要不去想及外面的人和事，獄中生活是平靜的，也因此，人變得敏感而脆弱。再細微的聲音和氣味都會引起我們的注意力，任何人事的變動必然會使心情震盪不已。為了保護自己，避免不必要的紛擾，我早已斷絕和每個男女友人的交往，那個奇異的女孩子也是其中之一。夢境和風情畢竟已經遙遠了，甜美只是想像中的感覺，疼痛卻是擾亂秩序的真實。知道今天看了幾十頁的書，似乎就快樂了。q

卡繆[13]說：「幸福不是一切，人還有責任。」這是一個人道主義者的莊嚴宣言。在此，私己性[14]的享樂追求為更高的某個理想層次或所謂的社會良心而犧牲。於是，歷史上有了臉色蒼白或赤紅的聖哲與烈士，後代人也有了仰望的對

q 從「似乎就快樂了」這句話來看，你認為作者真正的感受是什麼？

象。可是，對於包括我在內的這裡的許多人而言，卡繆在它的札記裡所引述的另一種幸福更見親切和令人渴想。它的要素是這樣的：開放的生活、愛他人、免於一切野心的自由，以及創造。

關於創造，我也在這個小室內看到了人類在困厄中改善環境的生動力量，看到文明演進具體而微的示範。囚犯能夠利用漿糊和牛皮紙製造書桌和書櫃，利用破布製成衣架和堅韌的繩索，利用饅頭和衛生紙製成圍棋子，以及利用花生薄膜製成風味特殊的香菸。大家在諸如此類的創意中改變空間，尋得滿足，並建立一個作息有序的小社會，按時起床運動工作睡覺，排班洗碗和擦地板。

人希望保持個性的特立，但人也是不堪孤獨的；他向

別人和文化尋求認同。一項事實是：有時半夜醒來，白芒芒的燈光刺痛兩眼，於是閉目諦聽[15]屋外的風聲，想著亮在某個窗口的小燈，真想有個人和我說話，或者共嘗平凡而隱微的一些事物。困頓時，人所以還能保持內心的平衡，某些宗教人士以為是由於我們感覺到，現世生活只是生命的一部份，只是未來新生和覺醒的序曲。我寧願認為，在這樣的境況中，相濡以沫是力量獲得的最真切來源。

當然，隨相處而來的一些弊病也是免不了的。緊閉的囚室裡就是這麼幾個二十四小時吃住在一起的人，侷促[16]的領域使人難以躲避不想要的參與。惡劣情緒的傳染、摩擦和爭辯隨時都會將你捲入，且甚至於硬撐一整個虛榮的下午。[r]反正生活確實也不可能永遠是一條潺潺的清流，而且

[r] 從前後文判斷，你認為「硬撐一整個虛榮的下午」指的可能是怎樣的事件？

我們不是超絕的角色，所以也不是能夠隱遁的角色，別人攪起的波紋或混濁，我們往往不知措手[17]，因此乾脆也偶爾向它投下幾塊石子，讓它變形，並且發出一些可聞或不可聞的聲音。

雨繼續下著，室友也繼續睡著。外面散步場邊的草地必已滿是潮濕，今夜將是雷馬克[18]所說的屬於根與芽之夜。生機只要沒有完全死去，終究會萌芽茁長的。許多日子以前的某些時候，我常自以為已無法再感受歡愉的滋味了，人與物都顯得疏遠而難把握，甚至於天空和草木的爽新之美[19]也只徒然加重愴然[20]感覺而已，並認為此生將這樣地在憒潰[21]裡走著、咳嗽、老去。現在雷雨聲中的恬靜[22]裡，我卻已曉得，我不應該因為過去通過歪扭的媒介走入世界就變得落寞。當天地間萬物貫注於生長的時候，似乎其他的什麼都不值得怨恨和記掛了，最該珍視的是自己的完整。因此，我開始自覺得如此溫柔，如此強健，如此地神。s

s 在文章結尾，作者用了「溫柔」、「強健」與「神」三個詞，來描述自己當下的自我認知。這三個詞彙加起來，會形成一種怎樣的人格？

注釋

1 妥協期：此處指心理學家庫伯勒・羅絲的「哀傷的五個階段」（Five Stages of Grief），分別是「否認／隔離」、「憤怒」、「討價還價」、「沮喪」、「接受」。從上下文看，作者所說的「妥協期」指的應該就是「接受」，亦即面對現實、調適自我，進入人生的下一階段。

2 時地遷易：時間與地點改變。

3 黥墨：「黥」古代原指在犯人臉上刺字塗墨，這裡「黥墨」則指刺青。「黥」，音「ㄑㄧㄥˊ」。

4 梭羅（Henry David Thoreau）（西元一八一七年—西元一八六二年）：十九世紀美國哲學家、散文作家。最著名的作品為《湖濱散記》與《公民不服從》。

5 留白：中國古典繪畫的特殊手法。在畫布上不加底色，利用墨色與白色的對比來經營畫面，又稱為「布白」。

6 張力：在此指藝術作品中，兩股或兩股以上的力量抗衡而產生的效果。

7 嚼噬：為作者自造語彙，「嚼噬」二字均有吞嚥、吃下的意思。此處比喻感情在內心翻攪。「噬」音「ㄕˋ」。

8 悔疚：後悔、內疚。

9 人生當中的確會有若干讓人無言以對的時候的：此處改寫自美國小說家亨利・詹姆斯《仕女圖》中的名句：「生命中，總是會有連舒伯特都無言以對的時候。」

10 荒蓁密蘿：草木茂盛，此處指人煙稀少。「蓁」為「叢生的草木」，音「ㄓㄣ」。「蘿」為「地衣、苔蘚之類的生物」。

11 山巒：連綿的山峰。「巒」音「ㄌㄨㄢˊ」。

12 皺瘦蕪雜：形容藤蔓稀少、交錯的樣子。為作者自造語彙。

13 卡繆（Albert Camus）（西元一九一三年—西元一九六〇年）：法國哲學家、小說家，曾獲西元一九五七年諾貝爾文學獎。最著名的作品為《異鄉人》、《鼠疫》。

14 私己性：私人的、個人的。為作者自造語彙。

15 諦聽：仔細地聽。「諦」音「ㄉㄧˋ」。

16 侷促：形容空間狹小。「侷」音「ㄐㄩˊ」。

17 不知措手：形容不知道該怎麼辦的樣子。「措」為「放置」，音「ㄘㄨㄛˋ」。

18 雷馬克（Erich Maria Remarque）（西元一八九八年—西元一九七〇年）：德裔美籍小說家。最著名的作品為《西線無戰事》。

19 爽新之美：爽朗、清新的美感。為作者自造語彙。

20 愴然：悲傷、哀痛的樣子。「愴」音「ㄔㄨㄤˋ」。

21 憤懣：忿恨不平。「懣」音「ㄇㄣˋ」。

22 恬靜：安適、平靜。「恬」音「ㄊㄧㄢˊ」。

問題與討論

1 讀完全文之後，請畫出作者所被囚禁之牢房的空間配置。根據資料，作者被囚禁之處為「景美看守所」，即現在的「白色恐怖景美紀念園區」。如有機會遊歷該園區，你可以比對自己從文字中想像的空間配置，與實際上的園區有何不同。

2 從「題解」與「作者」欄中，我們可以知道陳列是因為白色恐怖而入獄。但在文章中，陳列卻對自己入獄的原因隻字不提。你覺得可能的原因為何？你可以從「題解」與「作者」欄中的其他資訊找尋線索。

3 這篇文章是一九八〇年「時報文學獎」散文首獎。為了維持公正，文學獎會由專業的評審以匿名的方式評審，因此評審拿到這篇文章時，是沒有任何作者資訊可以參考的，但可能會藉由文章內容推測作者背景。請想像如果你是評審，你會猜測作者是誰以及入獄的原因嗎？當你要為這篇文章打分數時，有沒有判斷出入獄的原因，會不會影響你的給分高低？為什麼？

寫作練習：自造新詞

大多數時候，我們都是用現有的詞彙寫作。但有時，為了表達出特定的感受，作家會從不同的詞彙當中，各取一個字，來組成新的詞彙。這些詞彙能夠帶給讀者新鮮感，讓文章更為鮮活，甚至能組合出新的效果，用來指稱更幽微的感覺。比如「爽新之美」來自「爽朗」和「清新」，很簡潔地描寫了雨後的草木；「鄒瘦雜蕪」也組合了多個形容詞，表達藤蔓稀少交錯的樣子。請根據以下的情境，自造適合描寫它們的新詞。你可以先列出現有的詞彙，再來抽字組裝。每個情境造兩個詞。

1. 突然關燈時，眼中看到的殘影。
2. 對著正在吹風的電扇講話的聲音。
3. 路上被打翻的一桶廚餘。
4. 突然知道了自己一直沒有告白的暗戀對象，和好友在一起的感覺。
5. 拿到段考考卷，發現自己沒讀的都沒考，猜題超精準的感覺。

延伸閱讀

文字

1 陳列，《躊躇之歌》，印刻出版社，二〇一三。
2 陳新吉，《馬鞍藤的春天——白色恐怖政治受難者陳新吉回憶錄》，國家人權博物館，二〇一三。
3 吳乃德，《百年追求：臺灣民主運動的故事（卷二：自由的挫敗）》，衛城出版，二〇一三。
4 呂蒼一、胡淑雯、陳宗延、楊美紅、羅毓嘉、林易澄，《無法送達的遺書：記那些在恐怖年代失落的人》，衛城出版，二〇一五。
5 臺灣民間真相與和解促進會，《記憶與遺忘的鬥爭：臺灣轉型正義階段報告》，衛城出版，二〇一五。

影視

1 弗蘭克．達拉邦特導演，《刺激1995》，一九九五年上映。
2 弗蘭克．達拉邦特導演，《綠色奇蹟》，一九九九年上映。
3 羅貝托．貝尼尼導演，《美麗人生》，一九九九年上映。
4 宋欣穎導演，《幸福路上》，二〇一八年上映。

音樂

1 伍佰演唱，〈返去故鄉〉，收錄於《樹枝孤鳥》專輯，一九九八年發行。

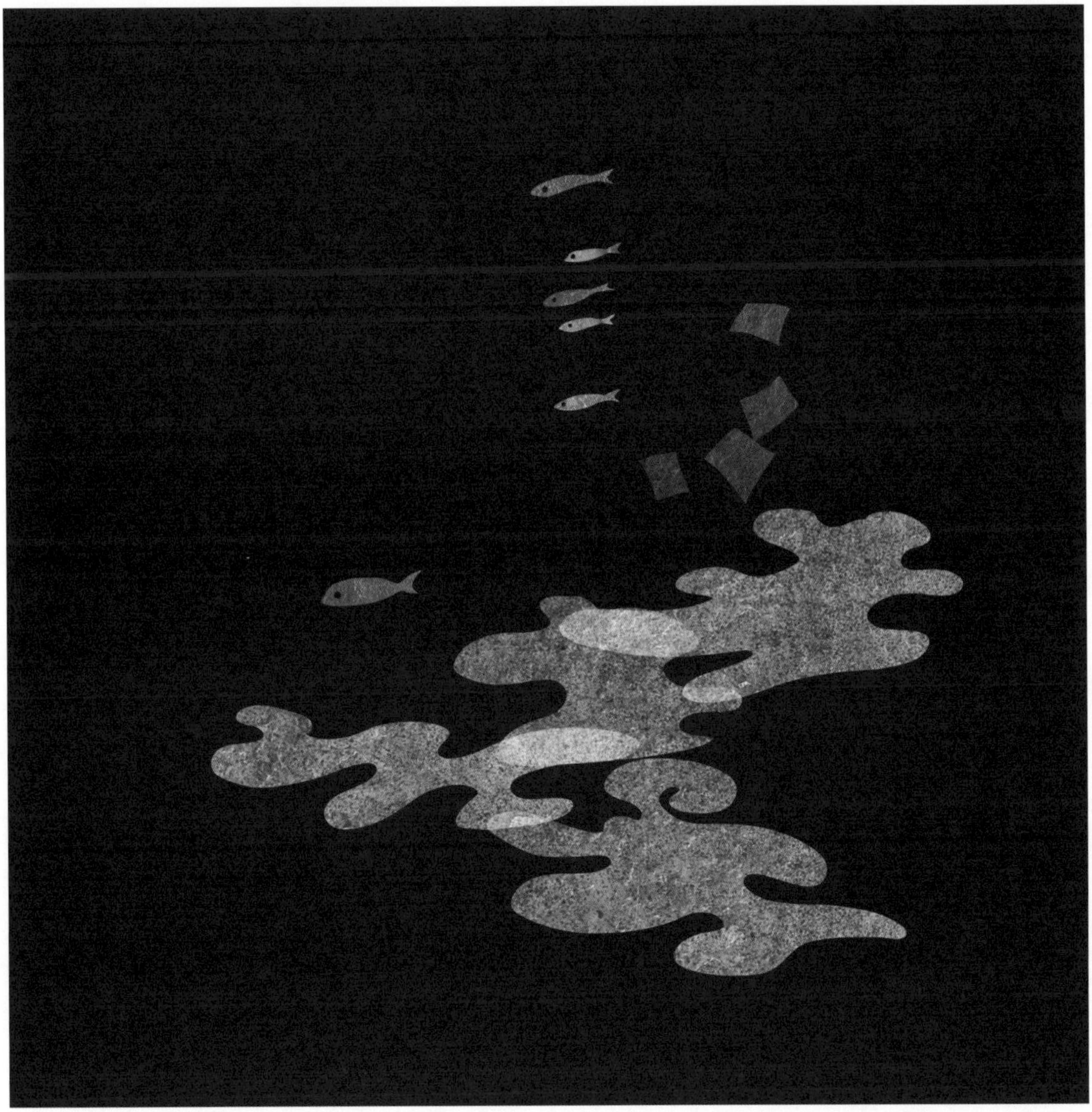

第六課　服妖之鑑（節錄）

題　解

本課〈服妖之鑑〉選自《服妖之鑑》，是劇作家簡莉穎繼《春眠》之後第二本劇本集。除同名作品外，另收錄〈全國最多賓士車的小鎮住著三姐妹（和她們的Brother）〉、〈遙遠的東方有一群鬼〉。前者改編自契訶夫（Anton Chekhov）《三姐妹》，後者則改編自易卜生（Henrik Ibsen）《群鬼》，將西方經典文本與臺灣當代社會結合，重新爬梳語言，尋找在地的文化脈絡。書末特別收錄首度公開的作品〈直到夜色溫柔〉，以多種性別、年齡的排列組合，談現代社會的眾生慾望。

《服妖之鑑》名稱取自《漢書．五行志》，原書以五行概念來描述無法解釋的「異象」，並認為奇裝異服是社會生變的前兆，「服妖」一出，暗示災難將會發生。《服妖之鑑》藉由這個典故，從穿著與性別切入，談論外在與內在的拉扯、社會規範與個人靈魂的衝突，描寫白色恐怖與戒嚴時代的多重壓抑。在那個言語、行為、思想都被反覆審查的時代，國家的規訓無孔不入，一個渴望穿上女裝的男性警察頭子凡生，只為了買一支屬於自己的口紅、穿上想穿的衣服而不可得。

本課節選的片段由凡生出發，在一次追查讀書會的審問中，女大學生湘君意外發現凡生西裝下的女用內衣，揭穿了凡生埋藏已久的女裝慾望。從此，凡生從審問者易位為招供者，被審問的湘君反而成為凡生唯一可以傾訴的對象。在最末的訊問中，凡生將面對最艱難的抉擇。

作者

簡莉穎（西元一九八四年—），彰化員林人。東華大學原住民語言與傳播系、文化大學戲劇系、北藝術大學劇本創作研究所碩士。出版有《新社員劇本書》、《春眠：簡莉穎劇本集1》以及《服妖之鑑：簡莉穎劇本集2》。

曾入選《PAR表演藝術》雜誌「十位表演藝術新勢力」之一、西元二〇一二年《PAR表演藝術》雜誌戲劇類年度風雲人物、西元二〇一五年國家兩廳院「藝術基地計畫」駐館藝術家。西元二〇一八年擔任香港中文大學（深圳）駐校藝術家、政治大學駐校藝術家。

簡莉穎具備改寫經典的轉譯力，也有面對現實的原創能量，劇本創作及編導演作品超過三十齣，作品兼容票房與口碑，為臺灣當代備受矚目的劇作家。除了已出版劇作外，《叛徒馬密可能的回憶錄》聚焦西元一九九〇年代同志歷史，折射社會大眾對HIV患者的偏見與恐懼，描繪臺灣引進雞尾酒療法後的時代群像，演出更從實驗劇場登上國家戲劇院舞臺，為臺灣原創劇作攻下一城。

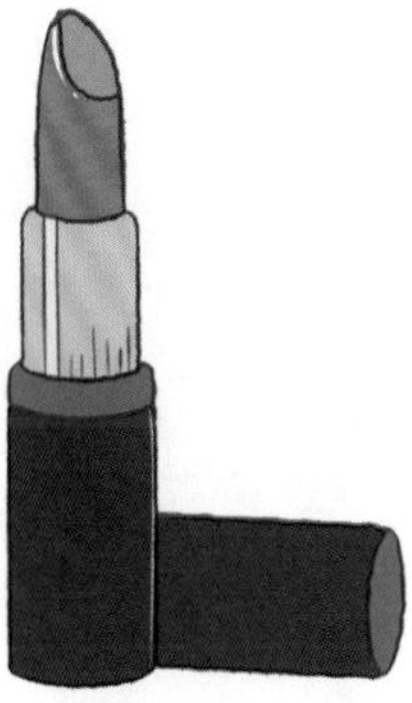

六、中華商場[1]

（凡生與湘君出現在中華商場）

凡生：這張紙上面寫著我的身材尺寸（拿給湘君），我們要先約法三章。

湘君：請說。

凡生：我要買一套最好看、最年輕的洋裝、內衣、口紅和鞋子。

湘君：是。

凡生：我會假裝成陪你來買，所以，你學過摩斯密碼[2]嗎？軍訓課有沒有上過？

湘君：沒有。

凡生：沒有？國家沒救了。[a]好吧，簡單一點，你看到

提問

a 請參考題解中關於凡生的資訊，為什麼湘君不會摩斯密碼，會讓凡生說出「國家沒救了」？

我把手靠在下巴上，就表示這套我喜歡，你就照我的尺寸拿。當然你也可以拿你覺得好看、適合我的。到這邊為止明白嗎？

下一個階段，我們到試衣間去，你要給意見可以，但是絕不能講到洋裝這兩個字，也不能讓別人知道是我在穿。

湘君：好，我會很隱密的行動。

凡生：什麼「這件洋裝你穿起來很好看」這些話絕對不能給人家聽到。

湘君：是，那我要怎麼告訴你穿起來好看還是不好看？

凡生：好，要是我問你說，昨天是哪個轄區報案？就是在問你我穿起來怎麼樣，明白嗎？

湘君：明白。

凡生：如果你覺得好看的話，你就說，上面的轄區，不好看，就說下面的轄區，明白嗎？

湘君：明白。

凡生：要是覺得款式好看但換個顏色，就說右邊的轄區。要是覺得顏色好看但換個款式，就說左邊的轄區，明白嗎？

湘君：等等我記一下，上面，下面，換顏色右邊，換款式左邊……

凡生：然後不能因為嫌麻煩就不給意見，我絕對看得出來你表面服從，陽奉陰違，明白嗎？

湘君：明白。

凡生：好，練習一遍。（站挺）昨天是哪個轄區報案？

湘君：左邊。
凡生：左邊，嗯……
湘君：嗯就是——局長說顏色可以但換個款式——
凡生：喔對，對，咳，很好，你有用心，很好。
湘君：（陪笑）謝謝局長。b
（頓）
凡生：帶路啊，我是知道店在哪裡喔。
湘君：是的局長。請問俊良他現在還好嗎？
凡生：沒問題，好得很，有我在，沒人敢動他。
湘君：謝謝局長，請問我能去看看他嗎？
凡生：現在是你發問的時候嗎？（指著某件衣服）昨天是哪個轄區報案？

b 凡生跟湘君購物時使用暗號溝通，暗號通常用在什麼時候？請參考「題解」裡的資訊，說明他們為什麼要用暗號溝通？

湘君：下面。

凡生：好，你有用心，很好。

說書：湘君帶著凡生逛進中華商場，她想了各種方案ABCD，就算引起懷疑，也能守住秘密。

說書：最麻煩的是俊良的朋友在當店員，如果遇見，要怎麼解釋她跟陌生男子一起出現。

說書：但在活著還是死去這兩個選項之前，這些都不是重點。

說書：但是那天他們完全沒有用到他們訂下的暗號。沒有人看他們一眼，所有路人也都視而不見。

說書：因為所有人都在看，或聽，中日少年棒球對抗賽。

七、紅葉少棒 vs 日本代表隊

（商場上眾人聽著棒球轉播，凡生與湘君一邊購物）

不知道哪來的轉播：

現在日本隊的投手站上了投手丘，現在是第六局，第六局，現在的比數來到２：０，我們的投手充分壓制對方打擊的火力，現在還沒有拿下一分，現在輪到我方攻擊，我們有沒有可能再把分數拉大呢？有沒有可能創造奇蹟呢？中華民國未來的希望都寄託在這些孩子身上！好的現在我們的打擊手準備好了，

（凡生拿著洋裝比劃，湘君欣賞）

給他們好看！給他們好看！一壘有人，投手投球，打擊出去！這個球直直飛出去了！全壘打！！！

（凡生將洋裝披在身上比劃，跟湘君繞場，繞不同店、有如四個壘包，分別從不同演員手上接過內衣、口紅、跟鞋）

好的，跟全場致意，全國同胞都被這一刻給熱烈地感動了！是一支兩分全壘打！

（持續播報，此時播報聲混雜著國歌響起，場上眾人立正，凡生跟湘君仍然像是閨蜜[3]一般在國歌聲中拿著口紅。湘君看了看四周，凡生看了看四周，察覺目前眾人的注意力都在光榮的一刻——榮耀的國歌——沒人注意他們）

（湘君接過口紅幫凡生塗上）

（在昂揚的國歌聲中，塗著口紅的凡生立正站好，直視前方，湘君一直看著他）[c]

[c] 劇本是用來表演的文本，有時候演出的版本會出現劇本沒有的細節。在劇本中買到口紅、紅葉少棒隊獲得勝利的段落，現場演出的畫面呈現是「湘君幫凡生塗上口紅，背景同時有中國民國國旗緩緩升起」。這跟你閱讀時腦中浮現的畫面相同嗎？你覺得現場演出的畫面這樣安排，產生了什麼效果？

（國歌結束，燈暗）

十五、凡生的故事

凡生：升上五年級以後，我突然不能跟女生一起玩了。在那之前，我能把頭髮留多長就多長，只跟女生一起玩。四年級升五年級的暑假，會分出男生跟女生那條線。

我不得不加入一些班上的男生團體，他們叫我把頭髮剪短。

我想跟女生玩跳房子、丟沙包，但我已經不是她們的一份子了。

早上升旗的時候，我被叫去排隊，走著走著，自然而然男生排一排，女生排一排，我經過女生那排的時候，覺得這才是屬於我的地方，我想停下來，但是，我還是得往男生那排走，我感覺得到我跟他們很不一樣，我好像不屬於男生這邊，所以我停在兩排之間。d

這時候老師瞪著我，然後開始對著我大叫，我呆住了，他抓住我然後繼續吼我。

我沒有不服從的意思，我反而很想融入，他非常生氣，他開始打我。

這時候，校長走下升旗臺，過來阻止他，說這是某某某的兒子。

回到座位上我開始哭，但不是因為被打，而是我是某某某的「兒子」。我不知道為什麼沒有人發現我不一樣。4

我最後一次想這個問題，是我在初中二年級的最後一

d 在凡生自述中，國小五年級後他就必須剪短頭髮、不能跟女生一起玩；排隊的時候，他停在男生跟女生兩排之間。這些動作呈現了什麼樣的想法？凡生說出這些話，是想要向湘君說明怎樣的心情？

天，我代表在校生致詞給畢業生，我們全校都是男生。在那之前同班男生常常來脫我褲子，笑我是兔子、妓女，可是偏偏像我這樣的人又要代表致詞，這是不允許的，那天我非常不想上去，老師叫我一定要上去。

老師一念出我的名字，臺下就傳來一些竊笑，把我的名字，加上「小姐」，用我聽得到的音量講出來。我開始致詞，一些人開始學我講話，學我那時候的動作，我會把頭髮塞到耳後，這是我頭髮比較長的時候養成的習慣，我緊張的時候會把兩隻手握在一起，他們不斷模仿這些動作，然後做得更醜，更誇張。

我不知道老師有沒有看見這些，不過他們什麼都沒有做，只是叫他們「不要講話」。

同學在凡生的名字後加上「小姐」，用以嘲笑他；如果在女同學的名字後加上「先生」，也會是嘲笑嗎？你覺得兩者有沒有程度上的差別？為什麼？

之前我就知道，這是最後一次。

我不知道我這樣算是什麼，沒有可以學習的對象、也不知道哪裡有像我這樣的人。

我開始相信我腦中的聲音。

我是個怪胎、變態，我就是不正常。

我這輩子就是這樣了。有你在我覺得很好。f

湘君：其實凡生沒有講得那麼多。只是在他們共同度過的幾個晚上，把她聽到的一點一滴的故事拼湊起來，大概知道凡生是這樣長大的、凡生喜歡吃什麼、凡生那時候遇到了什麼事情……然後再拍拍他說「不要擔心，不要難過」，然後因為她接下來的那幾句「我心裡有你」說不出口，只好換成輕輕一吻，落在凡生的臉上、眼上、唇上。

f 凡生前面說「我很想融入」，後面卻又說「我這輩子就是這樣了」，你能否說明這整段裡，凡生想法的轉折？

（對著凡生）我心裡有你。[g]

她這句話，終究沒有說出口。

廿、訊問到最後

（湘君跟凡生坐在偵訊室，分開，看不到凡生，被人擋住了）

特務１：不好意思，有幾件事想請教你，只是想請你合作釐清一些事情，你有遇到一個算命的是嗎？

湘君：是。

特務１：那天的中餐是吃什麼？

湘君：我不記得了。

特務１：是吃飯吧？

[g] 在故事中，凡生是警察、湘君是被審問的嫌犯，兩者之間的關係應該是對立的，但在此處，湘君的想法卻非常深情。你能否解釋湘君的心理狀態？

湘君：嗯，應該是。
特務１：那天有遇到什麼人嗎？
特務１：你跟袁先生是什麼關係？
湘君：朋友，（頓）為何一直問袁先生的事情？怎麼了嗎？
特務１：沒事，還能有什麼事，大家都老同事了。所以你們喬裝[6]打扮之後有跟任何人接觸嗎？
湘君：沒有。
特務１：你是共產黨嗎？
湘君：不是。
特務１：你知道你被利用來跟共產黨接觸了嗎？
湘君：接觸？

特務1：這些東西你認得嗎？（拿出凡生的女裝照）

湘君：認得。

特務1：從袁先生家裡搜出來的。

湘君：他本來就有這個興趣，跟共產黨沒關係。

特務1：我還沒問你跟共產黨有沒有關，你怎麼就回答了？那不就是心虛嗎？

（湘君沉默）

特務1：你怎麼知道他有這種興趣？

湘君：我親眼看到他穿著內衣，他也跟我說了。

特務1：你怎麼知道他不是騙你？你怎麼知道他不是演一場戲給你看？真的這種的怎麼可能娶老婆？老婆還這麼多年沒發現？

湘君：我不知道，但那不是演戲，只是單純的去做一件他想做的事情而已。

特務1：他在臺灣才是在演戲是嗎？

湘君：對[h]。

（沉默）

特務1：好，謝謝你。

（湘君走出去偵訊室，跟由特務架著的凡生擦身而過，沒有看見彼此）

（湘君站著，黑暗的偵訊室中傳來毆打的聲音和凡生痛苦的慘叫，觀眾看不到只聽到聲音）

特務2：你承不承認！演這一齣[7]啊，你這變態也能當這個職務？！你下面的人都丟臉死了，一個娘們[8]來管他

h 在這裡，特務說的「演戲」是指什麼？湘君所說的「演戲」又是什麼？請參照上下文，說明兩者的不同。

們！哇操[9]！你是共產黨還是臭娘們？說！

特務1：終於逮到機會查你了，我就不相信你像表面上那樣清清白白！

特務2：給他背寶劍[10]，灌辣椒水！

（凡生被揍）

（湘君繼續走著）

特務1：有個人來臺灣幹情報的，跑去清泉崗機場附近工作，她怎麼傳遞消息的？藏在內褲裡面。

特務2：賤貨！

特務1：女人容易讓人失去防備。

特務2：踏馬的[11]！

特務1：可以解釋一下你打扮成這樣有什麼目的嗎？

癖好？

特務２：他說他沒有這種癖好。

特務１：不是癖好，那就奇怪了，莫非有什麼特殊目的嗎？

特務２：伏地挺身預備——仰臥起坐預備——一，二，一，二……（持續）

特務１：只好招待一下局長了。不好意思這些老招都是局長的發明，我們沒有什麼新意，幸好有您在前面帶領著我們，您是我們的榜樣。

特務２：一，二，一，二，不准停，再來一遍，上板凳。

特務１：不錯嘛，感謝你爸媽把你生得好手好腳我們繩子才有地方綁。

特務2：預備，跳！（頓）跳！（頓）跳！（持續）

特務1：我們知道你是冤枉的，那個女人說你在臺灣都在演戲！

湘君：他不是！他什麼都沒做！

特務2：上菜喔！螞蟻上樹[12]！竹筍炒肉絲！夾肉餅！

特務1：你跑到上海穿成那樣，沒有別的目的，我們上面的請吃冰喔！上冰塊[13]！不用客氣喔！（持續穿插口令）

特務2：局長為了藏情報，連面子都不要了！

相信，別人要怎麼相信！相信你不是間諜只是心理變態！

湘君：他不是間諜！

特務1：那他就是變態！（特務2：打！）

湘君：好！他是變態！

凡生：（怒喊）許湘君！

（湘君愣住）

特務2：他暈過去了！潑水！潑！

特務1：（對湘君）你行為不檢點，誰知道什麼時候背叛你的國家？要是誰讓你做個變性手術來收買你，你不就像狗一樣去了？荒謬！這局長，我來當！我愛國！[i]

凡生：我是共產黨！

（燈光集中在湘君）

湘君：（輕輕的）他是共產黨。[j]

（湘君在場上，眾人在場上穿梭，大家穿著不同年代的衣服，猶如不同世的時空並置[14]在一起，必要時可找臨演[15]。

湘君與凡生深深的看對方一眼，然後經過彼此。不同時代

i 在此，因為凡生穿女裝的事被發現，其他特務便認為他是間諜。從上述段落來看，你認為這種推論是怎麼產生的？

j 在審問的段落中，特務逼迫凡生承認自己是「間諜」還是「變態」，最後凡生選擇承認哪一個？從凡生與湘君的互動來看，你能否說明凡生這個選擇背後的心情？

的「服妖」，通通在場上現身）

護士：凡生瘋了。

他被送進這家療養院。他在等我，等過了幾十年，這一切都變得不一樣。我死了，又轉世了，可以再一次到他身邊去。他死前，等著見我一面，

護士：在他死去的那年，你出生了。

注釋

1 中華商場：位於臺北市中華路一段的大型商場，鄰近西門町。已於西元一九九二年拆除。

2 摩斯密碼：一種廣泛使用的密碼，透過簡單的長音、短音與停頓來表達英文字母，從而傳達訊息。

3 閨蜜：女性的同性密友。原來是「閨中密友」的簡稱，但中國網友刻意寫錯為「閨蜜」，取其「甜蜜」之意。

4 初中：即現在的「國中」。過去小學畢業後，先升入三年的「初級中學」，再來才是三年的「高級中學」。直到西元一九六八年推行九年國民義務教育之後，才將「初級中學」改制為「國民中學」。然而在那之後，仍有許多人習慣把「國中」稱為「初中」。

5 兔子：舊時蔑稱同性戀，有強烈負面意涵，當代不建議使用。

6 喬裝：改變服裝，變成不同的樣子。

7 齣：計算戲劇的單位。「齣」音「ㄔㄨ」。

8 娘們：對女性的蔑稱，近於髒話，當代不建議使用。

9 哇操：罵人的髒話。

10 背寶劍：白色恐怖時期的刑求方式，將左手從左肩上繞、右手從右腰下繞，將兩手銬在背後。

11 踏馬的：罵人的髒話。

12 螞蟻上樹：白色恐怖時期的刑求方式，在犯人身上淋糖水，吸引螞蟻來咬。

13 上冰塊：白色恐怖時期的刑求方式，讓犯人跪在冰塊上挨打。

14 並置：一同出現。

15 臨演：「臨時演員」的簡稱，飾演路人等非主要角色的演員。

BOX 「服妖」的典故

《服妖之鑑》劇本最初，眾人齊念出場詩：「服妖者，男穿女服，女穿男服，風俗狂慢，變節易度，故有服妖。」點出劇名的典故，這也是在歷史上有跡可循的。舉例來說，曹操的養子，也是三國時期玄學代表人物的何晏，在《晉書・五行志》便記載了：「尚書何晏，好服婦人之服。傅元曰：此服妖也。服妖既作，身隨之亡。」史書將其家破人亡的禍事，歸咎於服裝的喜好選擇，是傳統的身體觀念。《服妖之鑑》雖然引用此一典故，情節卻傾向同情有女裝癖的凡生，是挪用典故卻又不被傳統所侷限的例子。

問題與討論

1 在現代劇本中，每一場戲都會完成一小段情節，讓劇情能夠持續推進。請你用一句話說明本課節錄的四場戲分別完成了什麼任務。

中華商場	
紅葉少棒vs日本代表隊	
凡生的故事	
訊問到最後	

2 白色恐怖時期充斥秘密審訊，更有許多刑求逼供。有人認為這些措施是違反人權的，有人卻認為這是為了保障國家安全。從你現有的知識和讀了本課之後的想法，你認為哪一種說法比較有道理？為什麼？

3 在二〇一五年，臺南女中已開放制服規定，板橋高中從西元二〇一九年的新學期放寬服儀規定，開放男生可以穿裙子、女生可以穿褲子上學，你覺得這有助於打破性別的刻板印象嗎？你認為為什麼學校要規定學生的穿著，甚至髮型？在閱讀本課之後，你的想法是否有所改變？為什麼？

寫作練習：獨白

在戲劇、小說和散文中，都會用「獨白」來描寫某一角色的情緒。由於作者直接以該名角色的立場來說話，因此可以更直接、清晰地說出角色的心聲，不需透過迂迴的描寫。撰寫獨白時，我們要同時進行兩種想像：一、想像角色的經歷、性格發生在自己身上時，會有什麼樣的想法；二、想像這段獨白是對什麼人述說的，要採取怎樣的語氣或立場。如本課「凡生的故事」一節，便有凡生的長段獨白。這段獨白不但清楚說明了凡生的經歷，也很明確是向著湘君述說的。

請從你平常會消費的商店、小吃店或合作社之中，挑選一名店員，以他／她的角度撰寫一段獨白。請假設這名店員想要認識你，因此以獨白的方式向你自我介紹。文長二百五十字到三百字之間。

延伸閱讀

文字

1 Allan G. Johnson著，成令方、王秀雲、游美惠、邱大昕、吳嘉苓譯，《性別打結：拆除父權違建》，群學出版，二〇〇八。

2 愛彌．埃利絲．諾特著，葉佳怡譯，《變身妮可：不一樣又如何？跨性別女孩與她家庭的成長之路》，時報出版，二〇一七。

影視

1 楊德昌導演，《牯嶺街少年殺人事件》，一九九一年上映。
2 陳凱歌導演，《霸王別姬》，一九九三年上映。
3 萬仁導演，《超級大國民》，一九九四年上映。
4 鄭文堂導演，《燦爛時光》（電視劇），二〇一五年上映。

音樂

1 披頭四演唱，《yesterday》，一九六五年發行。
2 中島美雪演唱，《口紅》，一九七九年發行。
3 五月天演唱，《擁抱》，一九九九年發行。

雜劇

1 徐渭，《四聲猿，雌木蘭替父從軍》，華正書局，一九八五。
2 徐渭，《四聲猿，女狀元辭鳳得鳳》，華正書局，一九八五。
3 葉小紈，《鴛鴦夢》，新文豐，一九八九。

第三單元

環境意識

導言
環境意識

本單元的主題是「環境意識」。

在這個單元之前，我們大多數討論的主題，都是以「人」為核心。文學由人類書寫，最關心人類本身的命運，這無可厚非。然而人類生活在地球上，並不只是跟其他人類交織互動而已。更根本的生存舞臺，是「環境」，特別是自然環境，包含土地、海洋、天空。從地理上來說，臺灣既位於歐亞大陸的東側、又位於太平洋的西側，同時還是東亞島鍊正中央的大島，形勢十分特殊。臺灣面積不大，但環境複雜豐富，有高山有平原、有沙灘有海溝，使得以「環境」為主題的文學作品，也十分複雜豐富。

從這些描寫環境的文學作品中，我們可以看到不同文化、不同時代的人們，對待自然環境的態度有何不同。而在近代的發展中，影響環境最巨大的，就是發生在十八世紀的「工業革命」。在工業革命以前，人類雖然也不斷改進生產技術、汲取自然資源，但大致還沒有能力大規模破壞環境。但在工業革命以後，人類的生產力迅速增長，同時也大規模地改變甚至破壞了自然環境。因此，描寫環境的現代文學作品，往往都會面對「現代化、工業化、商業化入侵生活環境」的問題。

本單元所選的兩篇文章，便呈現了兩個族群面對上述問題的不同反應。首先是達悟族作家夏曼・藍波安的〈黑潮の親子舟〉。這篇文章描寫達悟族深邃而複雜的海洋文化，所有儀式乃至日常生活中的言行，都讓我們看到達悟族與海洋共生、甚至尊敬海洋的信念。這與現代國家將海洋視為「資源」或「疆域」的觀念截然不同。然而，值得注意的是，夏曼・藍波安雖然成功回歸達悟族海洋文化的懷抱，但從文章中透露出的蛛絲馬跡看來，許多與他同世代的達悟青年卻是選擇到臺灣的現代社會中討生活。〈黑潮の親子舟〉成功傳承文化，也點到了文化流失的隱憂。也點到了文化流失的隱憂。你可以注意作家提到現代社會或臺灣社會時的態度，從中體會他的想法。

第二篇則是阿盛的〈火車與稻田〉。這篇文章描寫的是漢人的傳統農村，隨著社會現代化的腳步，一步一步流失的過程。標題的「火車」與「稻田」分別象徵兩種環境形貌，火車深入稻田帶走青壯人口，彰顯了現代化、工業化、商業化的威力無遠弗屆，即便連遠在臺灣的一處農村都難以避免。文章中的兄弟幾人陸續離開農村，就連眷戀土地的作者最後也到都市去了，而當「人」都離開之後，屬於農村的「環境」自然也就保不住了。文章結尾的驚惶，正是現代化的特質：它來得突然、迅速，在人們還沒意識到自己會損失什麼之前，一切就已經不可挽回了。

這兩篇文章，當然無法窮盡所有關於「環境」的文學思考。然而，如果你隨著「延伸閱讀」或「閱讀超連結」的清單讀下去，或許會發現：有許多描寫「環境」的作品，都在哀嘆自然環境的「流失」。這樣的「流失」歷程，已經持續上百年以上了。當我們閱讀這些作品時，不只要去體會那些哀嘆，更可以反思自己現在的生活：還有什麼是還沒流失、值得我們努力保護的？這種「環境意識」，正是文學作品希望喚起的。

第七課　黑潮の親子舟

題　解

本課節錄自〈黑潮の親子舟〉，出自《冷海情深》。文章描寫夏曼・藍波安在海洋世界得到社會認同，找到自己的故事。他厭棄臺灣的資本主義以及就業導向的社會價值，轉向擁抱由野性海洋孕育出的母體文化。

〈黑潮の親子舟〉敘述父親對孩子的教導、叮嚀與盼望。父子共同伐樹造舟，父親期待兒子捕獲大魚回航，兒子不負期望，在飛魚季透過海上勞動，洗刷「漢化」汙名，蛻變成「人」（達悟）的過程。手法上，由「出航」寫到「返航」，視角有時由岸上觀望海上，有時從海上觀望岸上，寫出「海上人」與「岸上人」不同視角的心情轉折。

航行成為一趟成年禮，經過海洋的洗禮，作者由「海洋新鮮人」正式加入達悟男性的社會組織，恪守古老的神話禁忌，成為具有古典氣質的達悟男人。

〈黑潮の親子舟〉呈現了達悟族的精神世界：人、船、海洋融合為一體的海洋觀，字裡行間流露著「勞動的價值」、「野性的知識」及「海洋文明」。父親從小便帶著兒子到山上造林、認識樹種、標記選材，以做為日後建造家屋及造舟之用。過程中傳授造舟及海洋知識，及學習如何對著山林、樹木及船隻說話、祈福，與自然界溝通。樹木取之於土地而造成船隻，最終下海接受海神的引領，成為達悟男人靈魂的夥伴；因此，更必須學習與船隻或大海對話。在達悟族的文化裡，土地與海洋的關係密不可分，船是土地生命的延續，樹是山的孩子，船是海的孫子，人類是這有機生命體的一份子，一切生命都有靈魂。作者意圖向讀者展示了海洋文化中的宇宙觀和社會倫理，如何形塑達悟族追求謙虛的道德觀。

在夏曼·藍波安的筆下，海洋成為書寫的主體。大自然是主角，人與自然和諧共處，尊重萬物，這與西方海洋文學強調「征服自然」的精神大相逕庭。

作者

夏曼・藍波安（Syman Rapongan）（西元一九五七年—），蘭嶼達悟族人，生於紅頭（Emorod）部落。淡江大學法文系、清華大學人類所碩士畢業，後就讀成功大學臺灣文學系博士班。

夏曼・藍波安少年時拒絕原住民族保送升學制度，至臺北半工半讀，考上大學。年輕時開過計程車、打過各種零工，並參與原住民運動，是臺灣八〇年代反核的急先鋒。西元一九八〇年代末，街頭運動的激情退去，夏曼毅然重返蘭嶼，專注學習成為古典達悟男人。「達悟」即「人」之意，為了重新成為一個有品質的「人」，有「海洋朝聖者」之稱的夏曼在海洋裡找回自我認同與尊嚴，並透過寫作呈現達悟族的世界觀及語言特性。

十年沉潛後，夏曼・藍波安在母文化中找回自我定位。期間，他的散文作品奠定了他在海洋文學中的地位，也以達悟族的海洋文化為題撰寫碩士論文。西元二〇〇四年，他進行了「南太平洋夢想之旅」，以兩個月的時間追尋祖先的航海路線，成為當代首位以獨木舟橫渡南太平洋的臺灣人。

夏曼．藍波安早期作品以散文為主。透過細膩優美、寓意悠遠的深情文字，傳述出海洋民族的文化傳承與實踐，並將帶有泛靈信仰、神話色彩、如詩般的南島語言，鎔鑄為漢語書寫，形成獨特的美學。近期作品以成長小說為主，由海洋民族的角度思考現代性、全球化資本主義等議題。著有散文《冷海情深》、《海浪的記憶》，小說《老海人》、《天空的眼睛》、《大海浮夢》、《大海之眼》等作品。曾獲吳三連文學獎、吳濁流文學獎等。

一九九〇年十二月下旬

太陽刺破了黑夜朦朧的皺紋，平靜的海平線上伸出來一顆紅色的頭顱，天終於翻白了。父親和我像是海洋的乖兒子，一同到海邊祈福我們的船；船英雄般地浮在海面，傲視一望無垠的海洋。我們蹲在潮間帶拍岸的上限，波波宣洩的小浪花，宛如海神眾孫子的微笑，在熱烈地迎接著我們的船。a

「孫子的父親，船身向左微傾，這現象是我們在左邊的木塊削得比較少。左重右輕，正是我要的船。因我倆都是右撇子，右手比較有力，划起來便成直線。」父親終於笑了起來地說。b

我像是沒有儀隊、群眾迎接的孤獨英雄，坐在剛造完

提問

a 這一段出現了很多元素，作者是以哪個元素為主角來敘述？如果人類、船、海洋有位階關係，請試著排出位階順序。

b 透過父親的話語，你認為他是個怎樣的父親？從文字上判斷，這艘船是怎麼產生的？你認為這艘船對於作者父子倆可能具有什麼意義？

的船上，行試航的儀式；父親則在岸上欣賞船的速度、我的划船姿態。[c]

兩個月之後，便是飛魚季[1]的開始。村子裡的族人早已送走了臺灣來的雅美的省親[2]的青年；留下來的，則是殘存島上，無剩多少勞動歲月的老人，以及幾位不適合在臺灣謀生的青年，包括我在內。[d]

大船魚祭[3]後的一個月半，即是最隆重、莊嚴的小船祭拜祈求飛魚的佳節。父親穿戴銀帽，我則在頭上套上金銀銅片之類族人視之為最貴重的Ovay[4]，跟在他後邊向海邊走。右手握個禮刀及一米半[5]左右長的嫩竹，左手拿個用水煮過的楠仁樹的嫩葉，裡頭包裹著象徵生生不息的新生小米穗三支。父親道：「在海上，船即是你的生命，所以第一支

c 你認為作者的父親為何要在岸上觀看作者試航行？揣想父親的心情為何？

d 為何作者認為自己是「不適合在臺灣謀生的青年」？參閱前文，留在島上參與飛魚季的青年可能具有何種特質？

小米穗是祝福小船的靈魂；第二支是祝福、祈求黑色翅膀的飛魚之神明；第三支是祝福自己和飛魚和船身在大海共存在的三個合而為一的靈魂。你要求道：『我用最潔白的心，最鮮紅的牲血祝福祢們（飛魚）；我恪遵飛魚季期間所有的戒律，但願祢們像雨滴滴滿我的新船，讓我們彼此共同祝福。』」而後，把竹子切成三段，兩段約十公分長的插入繫槳的繩索，長的安放在船首的右側。最後，我站在船身裡，向著廣大無垠的海洋，脫掉銀帽，把帽口朝向海洋求道：「我用銀帽呼喊，祝福祢們——天神賜予的糧食；我永遠遵守祢們祖先傳下來的禁忌；我的心被所有的祝福填滿了，一如祢們填滿我的船身，一尾雜魚也無。」[e]

翌日，便叮嚀家人向學校請個假。[f]在清晨，天剛微明，

e 在此段中，父親和作者在向哪些對象說話？兩人說話的語氣有強烈的「儀式感」，你認為是哪些字句造成了這種感覺？

f 從作者要「請假」的動作來看，此時作者可能的職業為

村落裡凡有小船的又聚集在海邊，並且每個人都配妥了釣具，等待最年長的勇士——釣鬼頭刀魚的領航員。[6]當所有出海的男人全數到齊，在長老的領導下，用釣具沾了海水後，便共同地呼喚飛魚的靈魂。[g]接著便由最年長者首先切破海神的波浪，然後一船接著一船地各自追蹤鬼頭刀魚群集的海域。我是最年輕的船員，自然是最後出航的一個，這也是我最喜歡的，因我可欣賞一船一船破浪而行的雄姿。[h]我可敬的族人，他們都是上了年紀的海上壯士，他們鬆弛的肌肉承載著求生的意志，承繼著千年來祖先求生的技能和文化；他們的神情是如此堅強，如此地穩重，究竟是什麼樣的神力在吸引我可敬的長輩們非得年復一年地恪守飛魚季的儀式呢？是習俗？是榮耀？是地位？是競爭？我不停

何？（可搭配「作者」欄，先推論出作者的年齡再來思考。）

g 請從「釣具沾海水」這個動作，推測達悟族人對海洋的態度。

h 從這個出航順序來推論，什麼樣資格的人可以擔任最早出航的領航員？

地反覆思索。宣洩的浪花是海神眾孫子迎接的笑容，我迫不及待地追蹤長輩們的航道，最後一位是我。

「孩子，去吧！遵守禁忌會讓你我心安理得。」我的興奮帶著喜悅，我的喜悅帶著嚴肅，我的嚴肅盼望著有漁獲，漁獲帶給我、父親、家人至上的榮光。第一槳、第二槳……衝破浪的波峰，在波峰上以鷹眼般銳利的眼神梭巡鬼頭刀的鰭背。一百米、一公里、兩公里的距離，父親依然佇立在卵石上，雙掌頂在睫毛的上方，專注我們共造的船舟的行駛，也許是在虔誠地祝福我。越來越遠了，父親像是起了化學變化，由肉身成了黑色的肉點；但我在海上仍舊可瞧見他的雙掌在眉間。最後，在波浪一高一低的律動中，父親的黑點，消失在旭日東升、陽光照射村落石砌路的那

一刻。[i]

在海上漂浮，我感到自己有點像雅美族[7]的男人了。船隻載著意志堅強但肌肉鬆弛的老人不時擦船而行，並船行駛，他們從內心擠出的笑容在海上的感覺是那麼令我感動。「夏曼，小心波浪哦，熱烈迎接你加入祖先傳統的Mataw船隊[8]。」這時，我真的脫去了在臺北十年來虛情假意的襯衫，好像。陽光跳過了獨．色恩特山[9]的山峰，一絲絲的光線灼痛了我似是結實的肌膚。[j]

「哇——」鬼頭刀在我船旁衝破海面飛了起來，當牠衝入海裡，濺起的浪花浸溼了我的衣裳。哇！那是我的大魚，我趕緊捉住我的魚線，展開了大魚和自己智慧和體能的戰爭。還真不是假的，那尾真大！為了不在船隊裡漏氣，為

i 在這一段中，文章的視角在「海上的作者」和「岸上的父親」之間來回游移。請標示出哪幾句話是在「海上的作者」視角，哪幾句話又是「岸上的父親」視角？

j 為何作者只是認為自己「有點像」達悟族「男人」，你認為真正的達悟族男人需要哪些認證？請解釋作者為什麼會說自己的襯衫「虛情假意」，又為何會用「似是結實」來形容自己的肌膚？

了表示我是雅美的男人，為了表現自己的力氣，就是不給鬼頭刀喘息的機會，拚命地收起魚線。但是，魚畢竟是海裡的動物，力道不比我弱；花了十分鐘，我終於戰勝了大魚。就在把大魚弄到船身之時，好多的族人看到了我釣到鬼頭刀魚，而且是第二名，還有四 五十隻船沒有消息哩。老人們又以笑容誇讚我的好運氣。十來分鐘的較量使得自己早已汗流浹背，我脫掉襯衫，脫掉被漢化的虛偽外衣，和我的族人們公平地接納陽光灼熱的紫外線，和浪濤的浸潤。嘿……我是雅美人，真正的，絕不是被文明化的雅美族青年。我用雙掌摸摸浮動的海流，念道：「你們認識我吧，海洋。」接著又和船的靈魂溝通道：「願我和祢永遠是海神的兒子，在海上逞英雄。」k

k 釣到鬼頭刀後，他用「雙掌摸摸浮動的海流」，並對著海說：「你們認識我吧，海洋。」這些言行透露出什麼樣的心情？

三公里、兩公里、一百公尺、十公尺……，越來越近陸地，父親和迎接船隊的長老們早已在海邊談天。今天的日子，在他們的盛年歲月時，早已被稱為英雄。他們個個把雙掌頂在睫毛上方，猜測第一位回航的船員（Mataw首日沒有釣到鬼頭刀魚的人是不能首位回航的），但願是帶給族人好的消息。船愈為接近，長輩們縮小的肉軀愈為明顯。當然，在回航途中，他們議論紛紛地在臆測究竟是何人；雅瑪[10]在心裡想必早已知道是我，但其他的長老怎麼猜也猜不到是我這個新鮮人領頭回航。他們想，在這種情況下，對新鮮人而言，不是釣具纏線就是毫無耐心的。父親內心怦怦然跳動劇烈，唯恐帶來壞消息。[1]

夏本是孫子的父親，哇……。在我Mapaboz[11]時，看到

1 從返航這段描述來看，達悟男人面臨了什麼樣的社會壓力及輿論？由此，你能否推論出作者的父親此時的心情為何？他可能在擔心什麼事？為什麼？

了父親的神情，他是如此地疑惑，其他的長老，紛紛挺直身子，左瞧右看船首是否有大魚的尾巴。潮水退得很大，礁石露出了水面，使我在划槳靠岸的時候，猶如蛇形。我假裝沒釣到大魚，表情故作失望樣，不咧嘴露牙歡笑，就是把喜悅埋在舌尖。m 四、五位長老探頭伸頸地望望我的船身，此刻，父親的腳掌早已在水裡扶著船尾的Morong[12]，他終於露出了六十多年來沾滿了檳榔汁的牙齒，而我……微笑是給長輩們最上乘的回禮，表現今年可能有漁獲。「不錯，嗯！新鮮人不空船回航是好的運氣！」「夏曼．藍波安沒有被漢化……，夏曼釣了一尾祝福泊船港的靈魂，真感激他帶來好消息，謝謝他賜給我好運……。」我在長老們的祝福中獲得了最神聖的祝福，並肯定我是雅美人的海上勇

m 作者為何要假裝沒釣到大魚，故作失落的樣子？這呈現了作者怎樣的個性和父子關係？參考Box裡的「親從子名」說明，並推測：如果夏曼．藍波安沒有釣到大魚，對他的父親(夏本．藍波安)，以及作者的兒子(藍波安)會有什麼影響？

士。中午的時刻，當Mataw的船隊一船跟著一船回航靠岸時，所有的勇士也都有所斬獲。頂著正午的太陽，我不知道我祖父的靈魂在冥界是否也祝福我。雅瑪、依那[13]、妻子、孩子們盡在我四周用歡笑糾纏著我。我想，這就是不文明民族可敬的地方——用勞動累積的成果來累積自己的社會地位。[n]明年、後年，甚至有幸苟延殘喘到八十歲，我還是要恪遵飛魚的禁忌，參與捕魚的行列。

n 作者說自己的民族是「不文明民族」，參閱上下文，你覺得這句話是真心話還是反諷？為什麼？在作者的詮釋中，真正的「文明」是什麼？跟你所理解的有何異同？

注釋

1 飛魚季：達悟族習俗，環繞著「飛魚」而舉行的一系列祭典，時間大約是每年的二月下旬到十月之間。在祭典期間，必須遵守禁忌，以免影響漁獲。

2 省親：遠遊的人回家鄉探望親人。「省」音「ㄒㄧㄥˇ」。

3 大船魚祭：又稱「大船初漁祭」，為飛魚季的祭典之一。在此祭典中，族人搭乘大船進行今年第一次大漁獵。首次捕獲飛魚時，船長將使用沾了雞血的小竹管在飛魚身上塗血。

4 Ovay：金箔。達悟族詞彙。

5 米：長度單位，一米即一公尺。由英文「meter」音譯而來。

6 鬼頭刀魚：臺灣東部及離島盛產之魚類，喜歡捕食飛魚。達悟人於每年四到五月，以飛魚為餌來捕捉鬼頭刀魚。捕捉到的鬼頭刀魚數量，會決定男人地位的高低。

7 雅美：達悟族人的舊稱。由於日治時期的人類學家鳥居龍藏以「Yami」稱呼蘭嶼，所以官方均以「雅美」稱呼族人。然而，這是外人的稱呼，達悟族人實際上自稱「Tao」，有「人」的意思。西元一九八〇年代後，隨著原住民運動的興起，為尊重族人的自我認同，「雅美族」這個名詞已漸漸取消，改以「達悟族」為正式稱呼。

8 Mataw船隊：釣鬼頭刀魚的船隊。Mataw為達悟族詞彙。

9 獨．色恩特山：位於蘭嶼紅頭部落的一座山。

10 雅瑪：父親。達悟族詞彙。

11 Mapaboz：指雙槳向前划，此處有靠岸的意思。達悟族詞彙。

12 Morong：在拼板舟的船首、船尾插著的木質彩繪裝飾物。達悟族詞彙。

13 依那：母親。達悟族詞彙。

BOX

達悟族的命名方式：親從子名

達悟族人的命名，會隨著下一代的誕生而更動名字。這種命名方式，在人類學上稱為「親從子名」或「親由子名」。

因此，從「夏曼．藍波安」的名字，可讀取到兩個訊息：一、他的長子名叫藍波安。二、他已經為人父了。因為「夏曼」（syaman）在達悟語中，即「父親」之意；「夏曼．藍波安」所傳遞出的意思即「藍波安的父親」。而「夏本」是祖父的意思，藍波安的祖父，會因為長孫藍波安的誕生，而更名為「夏本．藍波安」，意即「藍波安的祖父」。

此外，達悟人在成為父母之前，最初的名字前會加一個「施」（si--）。例如本文作者夏曼．藍波安最初的名字是「施努來」。這是國民政府來臺後，戶政單位以「施」音近「si--」，誤把「施」當成姓氏，是漢人的誤解。事實上，「si--」在達悟族的文化裡並不是姓氏，而是代表著一個人還沒有升格為父母。

依照這個規則，如果一個達悟族人活到祖父輩了，他至少會擁有過三個名字，分別代表不同的人生階段；第一個名字代表的是原生的自己，第二個名字代表「某人（長子或長女）的父親」，第三個名字代表「某人（長孫）的祖父」。這種「親從子名」的命名方式，使家族網絡更加密切，也使個人的行為舉止受社會規範，必須時刻掛心家族聲譽。

「親從子名」的命名方式有附帶禁忌。如果對方已經是「夏曼」或「夏本」等級的人物，你還直呼對方最初的第一個名字是十分不敬的。這意味著，對方的孩子或孫子已死，有詛咒對方絕子絕孫的負面意思。名字對於達悟族而言，代表不同的人生階段，一旦進入新的人生階段，便以新的名字、新的身分，進入人生的新旅程。

問題與討論

1 在捕捉到鬼頭刀魚的段落，作者描述了自己的想法，對海洋說話：「你們認識我吧，海洋。」從這句話中，你能否說明達悟族對待海洋的態度？在文章中，還有哪些段落可以看出達悟族對待海洋的態度？這句話如果換成：「我更認識你了，海洋。」會有什麼不同？

2 在文章的一開始，作者自稱「不適合在臺灣謀生的青年」，但在文章結尾，他卻在首次出航捕魚就有不錯的表現，顯然可以在達悟族的社會裡謀生。從這樣的對比裡，你能否說明兩種「謀生」有何不同？為何作者更傾向達悟族的「謀生」觀念？

3 根據「作者」欄，作者曾到臺灣求學、就業。然而，最後他卻選擇回到原鄉，追尋達悟族的傳統文化。如果你是他，你會做出一樣的選擇嗎？為什麼？

寫作練習：詠唱

宗教通常是一個文化中最核心的部分，代表了該文化怎麼理解人與世界的關係。因此，在描寫某一文化時，如能呈現出該文化的宗教信仰，就更能讓讀者感受到不同文化的特殊性。而大部分的宗教，都有祈禱、祝福或祭典時的詠唱詞句。這些詞句的節奏和腔調會跟平常的文字不一樣，呈現出各個文化獨特的情感與詩意。如本文第五段，作者呈現了父子兩人的詠唱段落，便能讓讀者更深刻地體會到達悟族人的文化特色。

請撰寫一個二百自字的段落，虛構「一名高中生祈禱新學期順利」的詠唱詞句。你可以完全自己虛構、加入你的同學才懂的哏；也可以參考某一宗教信仰，模仿他們的風格。

延伸閱讀

文字

1 覃子豪，《海洋詩抄》，新詩週刊社，一九五三。

2 汪啟彊，《海洋姓氏》，尚書文化，一九九〇。

3 王家祥，《倒風內海》，玉山社，一九九七。
4 呂則之，《海煙》，草根，一九九七。
5 東年，《失蹤的太平洋三號》，聯合文學，一九九八。
6 夏曼·藍波安，《冷海情深》，聯合文學，二〇一〇。
7 廖鴻基，《鯨生鯨世》，晨星，二〇一二。
8 呂則之，《風中誓願》，允晨文化，二〇一四。
9 海明威著，魯揚譯，《老人與海》，時報出版，二〇一九。
10 梅維梅爾著，陳榮彬譯，《白鯨記》，聯經，二〇一九。

音樂

1 陳建年演唱，《海洋》專輯，角頭音樂發行，一九九九年。

影視

1 史蒂芬·史匹柏導演《大白鯊》，一九七五年上映。
2 盧貝松導演《碧海藍天》，一九八八年上映。
3 安德魯·史丹頓導演《海底總動員》，二〇〇三年上映。
4 路易·賽侯尤斯導演《血色海灣》，二〇〇九年上映。
5 李安導演《少年pi的奇幻漂流》，二〇一二年上映。
6 井上剛、吉田照幸、梶原登城、西村武五郎、桑野智宏導演《小海女》，二〇一三年上映。

第八課　火車與稻田

題解

本課〈火車與稻田〉選自阿盛的散文集《綠袖紅塵》。本文以象徵與對比的手法，寫出一九六〇年代中末期，臺灣社會逐步工、商業化之後，造成的農村沒落以及社會變遷。

標題的「火車」和「稻田」分別象徵了「工商業社會」和「農業社會」。「火車」步步進逼，文章中的幾位兄長乃至於敘事者的陸續離鄉，呈現了火車將農村的青壯人口帶走、捲入都市新興產業的過程。因此，家鄉的「稻田」便只剩下父親、母親兩老辛勤耕作。最終父親過世，年邁的母親無力繼續耕作，無奈賣掉稻田，土地的景觀、產業的型態、世代的生活方式通通改變了。在文章的結尾，敘事者帶著妻兒回到面目全非的家鄉，童年的記憶已不能復返，流露出深沉的惶惑與哀傷。

因此，〈火車與稻田〉是一篇層次豐富的散文，不但有優美的抒情筆調、縝密的敘述結構，也紀錄了整個時代的變化，無論個人視角或社會視角都有許多反思空間。阿盛曾如此自述寫作此文的用意：「〈火車與稻田〉不只是屬於作者個人的成長紀錄，它也是無數戰後新生代農村子弟的共同經驗。我寫此文，即是為了將那個時代的獨特樣貌深深刻印出來。也許，如今的年輕人可以經由此文去審視斯土斯民，看看往時的人是如何一路行過來，進而延伸思考這塊土地上今昔的種種。」

作者

阿盛（西元一九五〇年－），本名楊敏盛，臺南新營人。東吳大學中國文學系畢業。出身農家，對農村生活有深刻瞭解，亦見證戰後臺灣的工、商業化與社會變遷。在他的作品中，敘事語調時而詼諧幽默，時而古典文雅，時而冷靜悠緩，並在語言中鎔鑄臺語詞彙，展現出對斯土斯民的凝視關懷，以及身處時代流轉當中的思考與感悟。一般評論多將阿盛定位為「鄉土文學」作家，阿盛則認為，所謂的「鄉土」即是「本鄉本土」，也就是我們在此共同生活、休戚與共的臺灣。著有散文集《行過濁水溪》、《綠袖紅塵》、《民權路回頭》、《夜燕相思燈》、《萍聚瓦窯溝》、《三都追夢酒》、《海角相思雨》等二十餘種，小說《七情林鳳營》等二種。

火車來了，噹噹噹噹噹——[a]

父親正在拔草，右手抓住草梗最底下一截，噗一聲，草根與碎土隨著手勢離地而起；緊湊的噗噗噗[b]，顯然父親心裡發急，播下已兩個月的稻秧[1]，長不到他的膝蓋高，分明肥水流進了草肚子裡。

坐在田埂上，我聽到父親的喘息，縱使相隔一百棵秧子，我想像得到「噗」一聲之後父親鼻中會噓出一股氣，甕[2]邊咬著母親奶頭長大的娃兒，近乎天成的都有這般領悟力，不曾誰提示過，我吃的是土裡長出來的稻米，我知道在稻穀一粒粒成行之前，田中人是如何輕重緩急的呼吸。

火車到了，空隆[3]空隆空隆——

我不完全曉得，這頭尾長過我家田界的大機器竟日[4]的

提問

a 請快速瀏覽全文，標出所有與第一段句型類似的段落。在你細讀文章以前，猜測作者為什麼要這樣安排？

b 就你所知，「的」、「得」、「地」的用法有何不同？依照前述的用法，「緊湊的噗噗噗」這種寫法正確嗎？接在「的」後面的「噗噗撲」該如何解釋？

跑，究竟奔到何處去？它休不休息？那麼多的人在裡面，
他們為什麼要跟著火車往往來來？我六歲多一點，經常坐
5 上火車去遠方的大兄從來不太在意回答我的問題。c

火車不見了。父親還在喘息，我越過田埂，跑步迎向
拎著鐵皮水壺的母親，她跌坐在父親腳旁，遞過一碗麥茶，
6 隨手撥攏離土猶然青翠的雜草，似乎故意放平了語調，她
7 告訴父親，二兄又提到出門的事。父親的眉頭乍然陷成幾
8 條凹紋，他喝著麥茶，看樣子有些慌迷，我聽不出父親是
在聞吸茶氣還是在嘆息。二兄要到遠方去，他執意。d

火車進站了，震耳的磨鐵聲混和長長一聲「汽
——」。我抓著父親的手，母親兩手提著大捆的行李，三
9 兄的臉上瞧不出別親的意緒，他早已說清楚，他恨極了車

c 參考「作者」欄，標示出這個段落的作者幾歲、此時是西元幾年。在文章後面，還有許多提示時間的段落，也請一併標出。

d 請將這段文字念出來，你是否發現它有押韻？請找出所有韻腳。一般來說，散文並不一定要押韻，你認為此處押韻的效果好嗎？你認為散文押韻是好的寫法嗎？為什麼？

水[10]抓泥，也不喜歡土角厝[11]，不喜歡牛糞餅[12]，不喜歡剝得下一層指甲厚的乾土的布衣，不喜歡母親說的話，母親說，小漢[13]才九歲，幫阿爹還得靠你。三兄踏進火車的肚子，父親眼睜睜的像是瞧著水圳[14]的水一直流入別人的田裡，[e]而自己腳踏的土地仍然乾裂成龜背上的紋理。

火車來了，噹噹噹噹噹——

我將鋤頭重重地砍進田外的草地，父親微彎著腰施肥，早就不鋤草了，並非為的除草劑便宜方便，

[e] 請解釋「父親眼睜睜的像是瞧著水圳的水一直流入別人的田裡」這個比喻。「水」是比喻什麼？「別人的田」有是哪裡？考量到父親的身分，你覺得這個比喻描寫的是怎樣的心情？

他的腰教歲月給積壓得逐漸祇能伸屈到某個固定的角度。田裡是有些雜草，遠遠地我用肉眼都看的出來，同樣的綠，不同的感覺，站在一行秧苗前頭放眼望去，田裡打滾過十幾年的人都能一眼瞄出什麼地方有多少搶吃肥水的雜草。想要除盡雜草，一憑[15]除草劑是不行的，須得趴下身子，膝頭沒入田水中，手用勁，「噗」的一聲聲，跪著一寸寸往前移，體狀全似爬行的龜，那是千年不變的最好的除草姿勢，也是半百年紀的人最覺痛苦的姿勢。

陣陣的糞水味飄到樹根處，我坐躺在虬結[16]的浮根[17]上，這條浮根我已坐了十五年，從度晬[18]之後學走開始，母親從不給我斗笠戴，我學會了隨著日照挪動自己以免曬得鬢邊燒跳[19]，度晬之後母親的奶頭再也吮不出乳汁，我抓著奶瓶吸米漿，就坐在這一條浮根上。十五年，算一算，大約有兩三年了罷，我已兩三年不曾聽得噗噗噗的急促聲音，但即使閉上雙眼，捂住耳朵，我也聽得到父親施肥時沉重的走步聲與沉重的氣喘聲。[f]

火車到了，空隆空隆空隆——

一天裡有多少回？十節、十二節車廂中滿滿是人。大兄在年夜飯桌上曾經以很強烈的形容句子述說大都會有成群成群的人，多到什麼地步呢？像是收割時節由四面八方飛來的痲雀，或者，像是八月大雨後流溢的溪水。二兄穿得一身都是明顯的直線，直線自上衣肩處延伸到腕處，直線自褲頭延伸到腳踝，花花的領帶，領袖雪白雪白。父親不怎麼多問問題，他不須皺眉頭，鼻上方恆常就會裂出凹紋。[g]

f 此處又出現了年齡與時間的提示。與上一次標示的時間點相比，敘事者所在的農家有何變化？

g 此處出現了「紋路」的意象。請往回尋找，上次出現「紋路」意象的句子在哪裡？當時是在描寫什麼？這次又是在描寫什麼？作者用同樣的意象描述這兩者，可能有什麼用意？

大兄二兄不喝鐵皮壺裡的開水，父親不時用眼尾掃瞄向我，母親永不在類如節慶的好日子生氣或喘息，我是從她肚子裡出來的，我肯定她猜知了父親的心事，我十六歲多一點，我是家中的小漢，她很慌迷。

火車不見了。我走向田畔的畸零地[20]，包心菜已有兩個拳頭大。沒見過父親在這塊不方不圓的菜園裡噴灑除草劑，他只在意稻秧，他不理會菜蔬，菜蔬不用來填充那個一生一世塞不滿的飯袋[21]，飯袋連通的是嘴口，嘴口缺得了米飯麼？祖先也種的是稻，吃的是米，父親說，菜蔬不過是騙騙腸胃的東西。三兄帶著漂漂亮亮的女孩子跨進門檻，神情透著得意也包藏著些許心虛，他或是不願意讓城市女郎發現家中有不少他認為不體面的處所，他建議母親不要再使用土塊壘成的大灶，他暗示父親菜園該好好整理，瞧那菜蟲罷，咬得葉子大洞小洞，吃了要生病的。父親不喜歡他說的話，不喜歡城市女郎，不喜歡濃得嗆鼻的香水味。[h]母親祇靜靜聽著笑一笑，偶爾也戒慎地注視父親的顏色，我十分清楚她擔心父親忍耐不住也擔心兒子在城市女郎面前丟臉，她小心穩重的說些不關要緊的閒話，直到三兄有意無意道出該讓我出家門去見識世面，母親這才搶在大雨來臨之前收拾甘蔗葉似的答了一句，小漢還在唸書，莫使得莫使得[22]。三兄擦亮了皮鞋，挽著城市女郎走了。父親大早下田施肥，母親在三兄揹起旅行袋時，即時示意我該到菜園去，說什麼也不要我代她送三兄去火車驛頭[23]。[i]

我剝開一粒包心菜，兩條菜蟲惶惶鑽了出來，落在腳

[h] 這一段提到了城市女郎帶來的「香水味」，請回想前面的段落，還出現過什麼樣的氣味描寫？請比較兩種氣味代表的生活型態。

[i] 為何母親不讓敘事者去火車站送行？母親擔心的是什麼？從哪一句話可以看出她的心思？

邊。我想喊叫父親歇工喝碗茶，我懂得施肥，我也懂得父親不會叫我接替他，稻秧是他一手養高的，誰能像他那樣深切懂得施肥時的輕重緩急？我踱回老樹根，母親坐在褟亮褟亮的浮根上搖搧斗笠，父親遠遠的望向這邊，母親對他揮揮手，他空著手走過來。母親不知那兒來的勇氣，她居然能夠放平語調告訴父親，田地賣掉其實也好，反正孩子們都不在乎稻子結不結穗，何不乾脆什麼都不掛心，就像放任那一塊畸零地裡的包心菜。父親久久不語，他是開不了口的，稻田，幾十年血汗澆肥的稻田是他的命根。

火車進站了，震耳的磨鐵聲混和長長一聲「汽——」。父親抓著我的手，母親兩邊置放大捆的行李，我是不得不走，我是肩負著父親執意認定的讀書才有出息的

24

期望，聯考放榜後，父親終於很難的承認，他心愛的土地上除了深扎的稻秧之外，不可能留住其他什麼，包括他自己的腳印。走罷，父親說，過些日子定準[25]賣掉田地，六出祁山[26]拖老命實在沒意義。[j]母親眼睛溼溼的，她依舊與往常一般不多言語，戶限[27]之外她極少教訓兒子們，叮嚀的話已在家裡扼要明簡的囑咐過，多吃點飯，她只在我踏進火車肚子之前重複說了這一句。我看向窗外，大片大片的物體飛來飛去，我心中的歉意像是水圳水汨汨流入田裡，而過往的阡陌[28]歲月頓時點點滴滴浮現，一如雀群突飛突落捉不定章理[29]。[k]

火車來了，噹噹噹噹噹——

站在平交道前，前後左右響著噗噗噗噗的機器聲，我

[j] 父親在前面反對兄長到都市去，此刻為什麼轉變立場了？請推測他心境轉變的原因。

[k] 從這一段文字來看，敘事者自己想要到都市去嗎？從哪些句子可以看出來？

嘗試著將機器聲轉調意想成父親拔草時發出的單音。父親沒有寫信給我，他也未曾寫信給大兄二兄三兄，肯定他知道離鄉的孩子是豐羽放飛的鳥兒，不是手中扯的紙鳶[30]。母親經常會託人帶吃食衣物到學校，她的廚中手藝不好，大把的鹽大把的糖，粗切的菜粗切的肉，有如她餵養的幾個兒子，她無法細緻完整的哼一曲搖嬰仔歌[31]，小我四歲的妹妹夭折之前，我聽過母親不成調的吟著愛睏謠[32]。[l]

火車到了，空隆空隆空隆——

計程車司機點燃一支菸，然後不停嘴的抱怨大城的交通，生活的緊迫，激烈的爭逐，要是很有錢很有錢，他說，不住城市了，到鄉間買塊地，種地瓜都可以……[m]我嗯嗯哈哈應答他，我急著去接迎北來探望我的母親，隨後還得趕

[l] 這個段落所描述的母親，都是負面的形象：手藝不好、不會唱歌。你認為，作者這樣寫是批評母親的意思嗎？

去上班。父親過世後，她賣掉田地，要不是大兄二兄三兄陸續將兒女送回故鄉，忙得她無暇他顧，很可能她不會狠下心割捨那塊牽連心肝的老田，她會說一些些氣話，我卻算定如果父親尚未離開人間，那麼母親終究寧願伴著老伴繼續耕耘，即使無得氣力種稻，種地瓜都可以。n

火車進站了，震耳的磨鐵聲混合長長一聲「汽——」。妻抓著兒子的手，我兩手提著大包的東西，兒子只比妻的膝蓋高不了多少，他急著要趕快讓祖母抱抱，咿咿唔唔地 33
催促。故鄉的路我沒有一條不熟悉，順著鐵道走下去，兒子的眼中充滿了新奇，他興奮的喘息。愈往前走，我愈發慌迷，稻田呢？去年還眼見的稻田叫誰給移了去？一方方的灰面水泥！怎麼一下子全換成一方方灰面的水泥？我搜

m 考量敘事者前面經歷過的事情，他聽到計程車司機這樣說，可能會有怎樣的想法？如果你是敘事者，你會如何回應計程車司機？

n 這段提到母親會說「氣話」。請模擬母親的心情，試著寫下一句可能的氣話，並且說明這句氣話背後的心情。

索放眼，父親的田！父親的田！啊，父親的田？靠近鐵道邊不是麼[34]？原本好記認得很，我在那兒打滾近二十年不是麼？原本衷心想再來看它幾眼；就是這一段鐵道，離欄柵七十大步遠，幾千百次我在田間癡迷幻想的望著火車直到它不見了，如今，我意緒紛雜的覓尋父親的田，父親的田確實不見了，我早知已賣掉，可是它怎會不見了！[o]

兒子伸手要拔路邊的長草，妻喝止了[35]他，髒髒，你看，弄髒髒了爸爸打你。猛抬頭，我近乎憤怒的瞪著妻，她惶惑地注視我，我腦中一團紊亂，一時之間不想對她解釋為什麼生氣[p]，我拍拍兒子的頭，順手抓住一叢草，習慣性的捏著最底下一截草梗，噗一聲，草根與碎土同時離地而起。[q]

[o] 敘事者驚訝與土地「不見」了，你認為「賣掉」和「不見」的差別在哪裡？如果「賣掉」但還是稻田，敘事者的感受可能會有何不同？

[p] 為什麼敘事者在這裡會對妻子生氣？請解釋作者的心情。

[q] 「拔草」和「噗」在文章中都出現超過一次，請重新回顧相關段落，再回來解釋：作者以這個動作結束這篇文章，想表達什麼意義？

注釋

1 秧：植物的幼苗。音「ㄧㄤ」。
2 壟：田埂。音「ㄌㄨㄥˇ」。
3 空隆：形容火車行駛時，車輪輾過鐵軌的聲音。
4 竟日：整天。
5 大兄：稱謂，用以稱長兄。
6 猶然：仍然、持續。
7 乍然：忽然。
8 慌迷：慌亂、不知所措，為作者自造新詞。
9 意緒：情緒、感覺。
10 車水：以水車取水。
11 土角厝：分布於臺灣以及中國淮河以南的傳統建築。以稻草和泥土混合、曬乾後的「土角」來堆疊牆壁，並且以稻草、瓦片覆蓋為屋頂。
12 牛糞餅：將牛糞壓扁、曬乾之後，捏塑成餅的形狀，作為燃料或肥料使用。
13 小漢：指家中排行較小的孩子。「漢」為男子的通稱。在此為臺語詞彙，音讀作「sè-hàn」。
14 水圳：灌溉用的水道。「圳」音「ㄗㄨㄣˋ」。
15 一憑：光是依靠⋯⋯。「一」指「全」。
16 虯結：捲曲、打結的樣子。「虯」音「ㄑㄧㄡˊ」。
17 浮根：穿出土壤表面的樹根。在土壤排水不佳、土質較硬等情況下，樹木便容易產生「浮根」現象。
18 度晬：嬰兒滿週歲。在此為臺語詞彙，音讀作「tōo-tsè」。「晬」音「ㄗㄨㄟˋ」。
19 鬢邊燒跳：形容太陽穴被曬得很熱的感覺。「鬢」音「ㄅㄧㄣˋ」。
20 畸零地：地形不完整或面積狹小，無法大規模利用的土地。
21 飯袋：此處指的是人的食物需求。
22 莫使得：不可以。在此為臺語詞彙，音讀作「bē-sái-tit」。

23 火車驛頭：火車站。「驛」音「ㄧˋ」。

24 穗：植物莖端成串的小花或果實。音「ㄙㄨㄟˋ」。

25 定準：一定。

26 六出祁山：形容不斷重複、徒勞的努力。典故出自《三國演義》，在故事中，蜀國丞相諸葛亮為了北伐魏國，六次出兵祁山。此一情節與史實不符，實際上諸葛亮僅北伐五次，且僅有兩次出兵祁山。

27 戶限：門檻。

28 阡陌：田間的小路，在此泛指農村、農田。「阡」音「ㄑㄧㄢ」。「陌」音「ㄇㄛˋ」。

29 捉不定章理：找不出規律。在此形容心思洶湧、混亂。

30 紙鳶：風箏的別名。「鳶」音「ㄩㄢ」。

31 搖嬰仔歌：臺語著名搖籃曲，由盧雲生作詞、呂泉生作曲。全曲最著名的歌詞，即不斷重複的：「嬰仔嬰嬰睏，一暝大一寸；嬰仔嬰嬰惜，一暝大一尺。」

32 愛睏謠：搖籃曲。

33 咿咿唔唔：形容小孩發出的聲音。「咿」音「ㄧ」。「唔」音「ㄨˊ」。

34 麼：表示疑問語氣，同「嗎」。此處音「˙ㄇㄚ」。

35 喝止：大聲制止。「喝」音「ㄏㄜˋ」。

鄉土文學

「鄉土文學」是臺灣文學非常重要的思潮。隨著時代的不同，「鄉土文學」的定義略有不同。在日治時期，黃石輝曾撰寫〈怎樣不提倡鄉土文學〉，此時的「鄉土文學」指的是「以鄉土語言創作的文學」，在當時以臺語為主。而到了戰後，「鄉土文學」的定義則轉變為「以臺灣本土、非都市生活為題材」。因此，不管用什麼語言，只要描寫的是農村、漁村、礦場、山林、海洋、小市鎮等生活經驗，都是鄉土文學的一環。鄉土文學強調人與土地之間的關係，批判現代化對人性的傷害，也對都市冷漠的人際關係、機械化的生活抱持排斥態度。阿盛的〈火車與稻田〉，就是鄉土文學中的散文名作。

在戒嚴初期，由於政府全力推動反共文學，希望作家盡可能描寫中國的反共經驗，以保持「反攻大陸」的鬥志，因此對描寫臺灣本地風土民情的鄉土文學創作並不重視。然而，鄉土文學在民間一直都有很強的創作活力，名家如鍾理和、王禎和、王拓、楊青矗、黃春明、洪醒夫等，均有傑出的作品。鄉土文學的發展，也啟發了西元一九八〇年代的「臺灣新浪潮電影」，影響十分深遠。

BOX

問題與討論

1 請在不另外搜尋資料的前提下，單靠這篇文章所提供的線索，畫出敘事者的家族圖。

2 本文中重複出現「火車來了，噹噹噹噹噹——」、「火車到了，空隆空隆空隆——」、「火車不見了。」與「火車進站了，震耳的磨鐵聲混和長長一聲『汽——』」等敘述，並以此作為區隔文章的段落。讀完全文之後，請思考這四句話如何切分文章？被切分的部分各有什麼特色？這樣的寫法造成了什麼效果？你可以回憶第一冊〈蒹葭〉的「寫作練習」欄位，以幫助你回答上述問題。

3 〈火車與稻田〉描寫一九六〇年代中期到一九八〇年代的社會變遷。而這段期間，正是臺灣「經濟起飛」的時候。在你學過的其他課程裡，是怎麼描述「經濟起飛」的？那些說法與這篇文章呈現的內容有何不同？

寫作練習：「象徵」手法

「象徵」是最重要的文學手法之一，無論古典文學或現代文學，許多名作的核心手法都是「象徵」。所謂「象徵」，就是選擇一個「具體事物」來表達一個「抽象概念」。透過這種手法，你可以只要集中描寫一個物件，就讓讀者明白你對某個概念的想法。實際下筆時，寫作者會全力描寫那個「具體事物」，而盡量不直接描寫「抽象概念」。文章中的角色怎麼對待那件事物，就代表他對相應的抽象概念有何看法。在〈火車與稻田〉中，「拔草」這個動作就象徵了敘事者童年的農村生活。因此，在結尾處，當妻子斥責小孩「拔草」這個動作「髒」時，敘事者才會對妻子生氣——因為妻子等於是在斥責敘事者童年的農村生活很髒。

請回想你的童年經驗，找出一個可以象徵你童年生活、但現在卻消失在你生活中的「具體事物」。請用二百五十字左右的段落，描寫與它有關的經驗、以及它消失的過程。

延伸閱讀

文字

1 洪醒夫，《黑面慶仔》，爾雅，一九七八。
2 王禎和，《嫁妝一牛車》，洪範，一九九三。
3 鍾理和，《笠山農場》，草根，一九九六。
4 吳晟，《吳晟詩選》，洪範，二〇〇〇。

5 阿盛，《阿盛精選集》，九歌，二〇〇四。
6 王拓，《金水嬸》，九歌，二〇〇五。
7 尉天驄，《回首我們的時代》，印刻，二〇一一。
8 余崇生，《閱讀鄉土散文》，萬卷樓，二〇一一。
9 宋澤萊，《打牛湳村》，前衛，二〇一三。
10 王智明、林麗雲、徐秀慧、任佑卿等編，《回望現實・凝視人間：鄉土文學論戰四十年選集》，聯合文學，二〇一九。

繪本

1 提利・勒南（文），戴爾飛（圖），謝蕙心譯，《薩琪到底有沒有小雞雞？》，米奇巴克，二〇一五。

音樂

1 交工樂隊《菊花夜行軍》專輯，二〇〇一年發行。
2 農村武裝青年《還我土地》專輯，二〇一一年發行。

影視

1 李行導演《養鴨人家》，一九六五年上映。
2 侯孝賢、萬仁、曾壯祥導演《兒子的大玩偶》，一九八三年上映。
3 侯孝賢導演《風櫃來的人》，一九八三年上映。
4 吳念真導演《多桑》，一九九四年上映。
5 顏蘭權、莊益增導演《無米樂》，二〇〇五年上映。

第四單元

中國文學史——元明清

導言
中國文學史——元明清

「中國文學史——元明清」為中國文學史系列的最後一個單元。在這個單元裡，我們將從「文學群體」、「雅與俗」這兩個概念，來說明這個時期的文學演變與社會脈動。

文學創作不能脫離群體，人們在社會中的位置與所面對的時代課題，必然影響文學的寫作與流傳。作者藉由彼此的作品互動、對話，也讓文學作品的面貌更加豐富。文學史有許多「文學群體」，他們會因為不同的原因集結在一起。如第二冊介紹漢賦時，提到漢武帝的文學侍從、三曹父子及建安七子，他們形成群體的原因來自統治者的提倡；而第三冊介紹的唐、宋古文運動代表作家，則是因理念、主張相同，而被歸為同一個文學群體。

此外，受到官方、文人推崇的文學，一般會被視為「典雅」的作品，並成為文人取法的對象。而源自民間的文學，則不受文化菁英重視，視其鄙俗而不入大雅之堂。雅、俗的內涵常由文化菁英界定，但兩者的邊界卻非僵固不變。比如源自民間的《詩經．國風》、漢樂府，從社會階層來看，本該被視為俗文學。但在官方認可它們為經典、並由文人加入創作之後，也逐漸成為雅文學的代表。其他如詞、曲的發展也有類似的情形。

群體對文學的影響一直都在，元明清時期的文學群體與社會各階層間活潑、多元的互動關係，便是本單元最核心的議題。你也可以用這個概念對照中國文學的其他時代，或其他文化的文學現象。以下，我們將分別討論各個文類的發展，理解在這些文類演變的過程中，文學群體造成的影響。

一、戲曲

元代興起的「雜劇」與明代興起的「傳奇」，是此時戲曲的代表。元代興起的韻文包含「散曲」與「雜劇」，但真正具有時代特色、足以代表此時文學的是雜劇。

戲曲與我們之前介紹的大多數文類不同，是源於民間的表演藝術。戲曲原以娛樂庶民為主要目的，故曲文通俗、情感熱烈，作品多取材自庶民生活或民間故事，一般被稱為「俗文學」。過去我們介紹的詩、文，大多出於文人之手。文人透過那些作品表達個人志向與情感，並表現出傳統文化「典雅」的審美觀，一般被稱為「雅文學」。雅文學的創作者與受眾都是具有文化涵養的知識分子，作品也在文人活動的範圍內流傳，而與戲曲這類「俗文學」有所區隔。

「雜劇」誕生於元帝國統治時期。在與南宋對峙期間，北方的大都為元帝國的文化、政治中心，商業活動熱絡、庶民生活穩定，這樣的環境為雜劇提供了生長的沃土。發源於遊牧民族的元文化熱情奔放，又因科舉被廢止，文人不再依循傳統的道路讀書求功名，庶民與知識分子不再界線分明，文人也有更多機會與伶人、醫戶、卜者、工匠互動。有些文人開始投入雜劇的創作行列，深刻描寫庶民的生活與困境。如關漢卿的劇作《竇娥冤》，以語氣鏗鏘、慷慨激昂的曲文，刻劃小人物的悲劇命運、批判社會不公，並以正義彰顯的大圓滿結局收尾。這種自然而不含蓄的風格，符合民間娛樂的愛好，充分反映俗文學的特色。

元帝國征服南宋以後，大批雜劇創作者來到南方。南北文化的交匯，改變了雜劇的面貌。融合了追求典雅氣息的南方文化，雜劇開始側重於倫理教訓與文人韻事，創作者也開始注重詞藻，鄭光祖的《倩女離魂》便是其中代表。在南方文化的影響下，雜劇脫離了原生的文化環境，逐漸從「舞台上的表演藝術」走向「供人閱讀的文本藝術」，最終走向衰落，被明代興起的「傳奇」取代。

「傳奇」誕生於南方，其音樂宮調、樂器編制、語言聲腔及表演方式都與北方有不小差異，風格溫柔婉轉、含蓄內斂，充分反映出漢文化特質。明代的庶民文化更加蓬勃，加上明代後期流行的思想重視個人情性、肯定欲望的合理性，情感的自由與價值成為傳奇的重要主題。湯顯祖的「玉茗堂四夢」為主要代表作，其中又以《牡丹亭》最為著名，充分表現出「至情」的審美觀。

從元、明二代的戲曲發展來看，文化確實深深影響創作者。被賦與雅、俗的區別，但雅、俗會交融影響。如在元帝國統一南北之後，源自北方的雜劇與南方的南曲所代表的不同文化產生了交融，又為下一個表演藝術高峰——傳奇提供了養分。文學正是在不同文化、群體的激盪中演變的。

二、小說

與戲曲的發展情況類似，宋代以來繁榮的城市經濟與活絡的庶民生活為小說提供了絕佳的生長環境。「勾欄」、「茶肆」、「酒樓」、「寺廟」和「瓦舍」成為專業的表演藝術，表演者直接面對觀眾，將歷史、佛經、民間傳說等故事以生動的口語包裝演繹，以此獲得報酬。短篇的故事文字記錄被稱為「話本」，到了元代則發展成長篇的「章回小說」。

元明是章回小說的成熟階段，包含《水滸傳》、《三國演義》、《西遊記》、《金瓶梅》等「四大奇書」，除了《金瓶梅》以外，故事皆已在民間流傳，再由小說作者發展而成，是以這些作品在民間廣受歡迎。值得注意的是，歷史上對於這四部小說之作者身分存在爭議，相關生平記載也非常模糊，這與詩、文作者的情況相當不同。由此也可說明，小說未受傳統雅文學之肯定。

清代出現了不少由作者獨創的章回小說。這些作者通常出身世家望族，擁有豐厚的文化涵養，作品常呈現顯貴、文人的生活經驗，並蘊含文人的價值意識，在文學藝術性上也有更高的追求。如吳敬梓筆下的《儒林外史》一方面批判科舉文化，另一方面也描寫了理想的士人形象。曹雪芹的《紅樓夢》刻劃了大觀園與榮寧二府眾多的角色與繁複的人物關係，寫出了人間愛情與貴族世家的無常命運。

從小說由宋至清的發展歷程，可見創作者從庶民社會得到養分，俗文學深深影響了文學史的樣貌。反過來說，文人一旦加入了創作行列，小說的題材、旨趣與美學特質也會隨之改變。乃至於原本不受文人重視的小說，竟在晚清成為士人批判社會的強大工具，如著名的四大譴責小說（劉鶚的《老殘遊記》、李寶嘉的《官場現形記》、吳沃堯的《二十年目睹之怪現狀》、曾樸的《孽海花》）。此後更興起了「小說界革命」，小說被視為思想啟蒙的利器，從文學界的邊緣進入中心位置，並與政治、教育緊密牽連在一起。

從這個演變過程可以看到雅、俗文學互相影響、融混，文學史也因此充滿各種可能性。

三、詩、文

中國元、明、清三代是俗文學蓬勃發展的時期，但傳統位居文化中心的雅文學也沒有停下腳步。元帝國貶抑漢文化的統治政策，雖使詩、文創作處於相對低潮，但進入明代以後，漢文化回歸主流，詩、文創作皆有復興之勢。

不同的文學群體之間相互激盪、對話，是明清兩代雅文學的鮮明特徵。明代初期以宮廷內閣與翰林院為文學活動中心，受到政治環境的影響，這些館閣文臣的詩、文多為歌功頌德之作。以李夢陽、何景明為代表的「前七子」倡議文學改革，他們著重文學「言志抒情」的本質，主張古體詩以漢魏為宗，近體詩以盛唐為宗，散文則以秦漢古文為取法對象。以李攀龍、王世貞為代表的「後七子」繼起，提倡透過詩、文法度的學習，以表現文學的格調。

前後七子有意反省館閣文臣的應制之作，因而主張復古，但也因為提倡模擬，在實際創作中容易過度著墨於文學形式，而無法表現出作者的真實情意。以王慎中、唐順之與歸有光為代表的「唐宋派」，主張繼承唐、宋文人「文以明道」的思想，我們今日熟知的「唐宋古文八大家」，就是經由唐宋派的提倡才形成的。唐宋派認為，創作須先研讀六經，並強調文學須以道德為前提，創作的目的在表彰聖賢之道。這樣的主張有助於矯正前後七子帶來的模擬之風，但也可能過於重視文學的社會功能，而輕忽了文學的美感。

繼之而起的是袁宗道、袁宏道、袁中道兄弟，他們因出身湖北公安縣而被稱為「公安派」。公安派受到陽明心學的影響，否定虛偽的聖賢崇拜，並抨擊膚淺僵化的道學思想。他們在文學上雖不否定學古的意義，但反對徒具形式的模擬。公安派的文學主張以抒發「性靈」為核心，認為文學應表達個性與情感，故有「情至之語，自能感人，是謂真詩」，「信心而出，信口而談」的說法。公安派的主張，提供文學自由創作的空間，有時也因刻意不琢磨文學形式，導致部分作品粗糙淺陋、缺乏詩意。

到了清代，文學群體更是百花齊放。在古文方面，以方苞、劉大櫆、姚鼐等人為代表的「桐城派」，延續了古文運動以來的文學理念，認為文章應當並重內容與形式，又提出寫作古文應當著重辭章、義理、考據三個面向，這些主張對後代有深遠的影響。除了古文以外，駢文與韻文也有各自的文學群體與主張，派別林立。此外，需要特別說明的是，也有一些作家在文學創作上有耀眼的成就，但未必能被歸入這些文學群體、流派之中，這些「個案」也十分值得重視。如清代詞人納蘭性德，由於出身滿族，其作風格質樸，文字不事雕琢，尤其是悼亡詞作真切動人，雖在當時影響不大，卻深受後人喜愛。

藉由以上這些介紹，我們希望說明的是，推動文學演變的原因非常多，政治、社會、經濟與學術思想、文化傳統等因素，都可能形成不同種類的文學群體，並在彼此碰撞中形成新的文學養分。這是看待文學史的一個重要視角，你也可以用這樣的方法觀察不同時代與不同文化的文學現象，試著釐清背後有什麼因素產生了影響。

第九課　竇娥冤（節錄）

題解

〈竇娥冤〉全名為〈感天動地竇娥冤〉，是元朝作家關漢卿的戲曲。竇娥（原名端雲）幼時被父親賣給放高利貸的蔡婆婆，喪夫後被張驢兒覬覦，又被張誣告殺人，不幸被判死刑，死後冤情才獲得昭雪。作者用竇娥的悲劇呈現出社會底層受到的壓迫，並諷刺官場的黑暗，全劇貼近常民的生活，有悲劇色彩，是元雜劇的經典作品。

〈竇娥冤〉靈感來自「東海孝婦」，這個故事在《漢書》、許慎注《淮南子》和《搜神記》中都有出現過，劇中也有引用。現存的〈竇娥冤〉有兩個版本，分別是玉陽仙史編的《古名家雜劇》本和明人臧懋循改編的《元曲選》本。前者的竇娥比較聽天由命，後者的竇娥比較有「反抗者」的形象。本課採用的是對後世影響最深的《元曲選》本。

〈竇娥冤〉共有四折[1]，本課節錄自第四折，是在著名的「血飛上白練，六月下雪，三年不雨」刑場戲之後。竇娥托夢給當官的父親，請他重審自己的案子，最後惡人得到懲罰。在傳統天人合一[2]的思想下，這個結局驗證了「天網恢恢、疏而不漏」的價值觀。但這種「正義」與現代的司法觀念不盡相同，在重審竇娥案件的過程中，亦有司法程序的不正義，比如父親可以審理女兒的案子、以天災及鬼魂的說詞為證據等。身為當代讀者，我們可以理解和包容那個年代的觀念侷限；但同時我們也可以從當代觀點出發，帶著批判精神去檢視〈竇娥冤〉中的父權主義、女性處境、官場文化、程序正義等議題。

作者

關漢卿，元朝作家，生卒年及生平事蹟不詳，為「元曲四大家」之首。關漢卿一生寫了六十多種戲劇，今存十八種，最著名的便是〈竇娥冤〉。學者王國維在《宋元戲曲史》評說：〈竇娥冤〉即列之於世界大悲劇中，亦無愧色。」關漢卿的作品早在十九世紀初就譯為英文、俄文、法文、德文，在西方世界享有盛名。

有趣的是，雖然後世認為關漢卿的文學成就很高，明清時代的文人卻對他褒貶不一。對於崇尚雅正的文人來說，關漢卿的文風太直接、太俚俗，不符合他們的品味。到了民國初年，王國維把關漢卿的《竇娥冤》定調為元劇中的悲劇代表，加上寫實主義興起[3]，關漢卿才引起學術界的關注。

竇天章云：兀那[4]鬼魂，你道[5]竇天章是你父親，受你孩兒竇娥拜，你敢錯認了也！我的女兒叫做端雲，七歲上[6]與[7]了蔡婆婆為兒媳婦。你是竇娥，名字差了，怎生[8]是我女孩兒？[a]

魂旦[9]云：父親，你將我與了蔡婆婆家，改名做竇娥了也。

竇天章云：你便是端雲孩兒，我不問你別的，這藥死[10]公公是你不是？

魂旦云：是你孩兒來。

竇天章云：噤聲，你這小妮子，老夫為你啼哭的眼也

提問

a 竇娥的鬼魂托夢，在現實中是不可能的事，但卻是推動劇情必要的手法。找找看，你是否能在本課中找到其他類似這樣「不可能或不太可能發生，但沒有它卻不行」的橋段？

花了，憂愁的頭也白了，你剗地[11]犯下十惡大罪，受了典刑[12]。我今日官居臺省[13]，職掌刑名[14]，來此兩淮審囚刷卷[15]，體察[16]濫官污吏，你是我親生之女，老夫將你治不的，怎治他人？我當初將你嫁與他家呵，要你三從四德：三從者，在家從父，出嫁從夫，夫死從子；四德者，事公姑，敬夫主，和妯娌[17]，睦街坊。今三從四德全無，剗地犯了十惡大罪。我竇家三輩無犯法之男，五世無再婚之女，到今日被你辱沒祖宗世德，又連累我的清名。你快與我細吐真情，不要虛言支對，若說的有半釐差錯，牒發[18]你城隍祠內，著[19]你永世不得人身，罰在陰山，永為餓鬼。[b]

[b] 竇天章發現眼前的鬼魂是自己賣給蔡婆婆、拿來抵償債務的女兒，不問別的，先問女兒是不是殺人兇手，他為什麼這麼做？你覺得他的反應是一般父親會有的反應嗎？作者為什麼要這樣寫？仔細閱讀後面兩段並作答。

魂旦云：父親停嗔[20]息怒，暫罷狼虎之威，聽你孩兒慢慢的說一遍咱。我三歲上亡了母親，七歲上離了父親，你將我送與蔡婆婆做兒媳婦。至十七歲與夫配合，纔得兩年，不幸兒夫亡化，和俺婆婆守寡。這山陽縣南門外有個賽盧醫[21]，他少俺婆婆二十兩銀子。俺婆婆去取討，被他賺[22]到郊外，要將婆婆勒死，不想撞見張驢兒父子兩個，救了俺婆婆性命。那張驢兒知道我家有個守寡的媳婦，便道：「你婆兒媳婦既無丈夫，不若招我父子兩個。」俺婆婆初也不肯，那張驢兒道：「你若不肯，我依舊勒死你。」俺婆婆懼怕，不得已含糊許了。[c] 只得將他父子兩個領到家中，養他

[c] 請從以上段落，整理出竇娥的聲明。仔細閱讀竇娥的生平，對照父親要求她三從四德，你認為在這樣的情況下，遵守三從四德是合理的嗎？

過世[23]。有張驢兒數次調戲你女孩兒，我堅執不從。那一日俺婆婆身子不快，想羊肚兒湯喫，你孩兒安排了湯。適值張驢兒父子兩個問病[24]，道：「將湯來我嘗一嘗。」說：「湯便好，只少些鹽醋。」賺的我去取鹽醋，他就暗地裡下了毒藥，實指望藥殺俺婆婆，要強逼我成親。不想俺婆婆偶然發嘔，不要湯吃，卻讓與老張吃，隨即七竅流血[25]藥死了。張驢兒便道：「竇娥藥死了俺老子，你要官休要私休？」我便道：「怎生是官休？怎生是私休？」他道：「要官休，告到官司，你與俺老子償命。若私休，你便與我做老婆。」你孩兒便道：「好馬不備雙鞍，烈女不更二夫，我至死不與你做媳婦，我情願和你見官去。」他將你孩兒拖到官中，受盡三推六問，弔拷繃扒[26]，便打死孩兒，也不肯認。怎當州官見你孩兒不認，便要拷打俺婆婆；我怕婆婆年老，受刑不起，只得屈認了[d]。因此押赴法場，將我典刑。你孩兒對天發下三樁誓願：第一樁要丈二白練[27]掛在旗槍上，若係冤枉[28]，刀過頭落，一腔熱血休滴在地下，都飛在白練上；第二樁，現今三伏天道[29]，下三尺瑞雪，遮掩你孩兒屍首；第三樁，著他楚州大旱三年。果然血飛上白練，六月下雪，三年不雨，都是為你孩兒來。[e]〔詩云〕不告官司只告天，心中怨氣口難言，防他老母遭刑憲，情願無辭認罪愆[30]。三尺瓊花[31]骸

d 竇娥在法庭上為了保護婆婆不受刑求，承認了她沒有犯下的罪行，因而被處死。你覺得，竇娥為什麼要犧牲自己來救婆婆？從你的觀點來看，她的行為合理嗎？

e 竇娥在生前沒有獲得正義，只有在死後，老天才站在她那一邊，證明了她的清白。你覺得當作者強調「天理昭彰」的時候，作者對「人世」的看法是什麼？

骨掩，一腔熱血練旗懸，豈獨霜飛鄒衍[32]屈，今朝方表竇娥冤。〔唱[33]〕【雁兒落】你看這文卷曾道來不道來，則我這冤枉要忍耐如何耐？我不肯順他人，倒著我赴法場；我不肯辱祖上，倒把我殘生壞[34]。【得勝令】呀，今日個搭伏定攝魂臺[35]，一靈兒怨哀哀。父親也，你現掌著刑名事，親蒙聖主差。端詳這文冊，那廝亂綱常當合敗。便萬剮了喬才[36]，還道報冤讎[37]不暢快。

竇天章做泣科[38]，云：哎，我屈死的兒也，則被你痛殺我也[39]！我且問你：這楚州三年不雨，可真個是為你來？

魂旦云：是為你孩兒來。

竇天章云：有這等事！到來朝我與你做主。（詩云）白頭親苦痛哀哉，屈殺了你個青春女孩，只恐怕天明了，你且回去，到來日我將文卷改正明白。[f]

（魂旦暫下）

竇天章云：呀，天色明了也。張千，我昨日看幾宗文卷，中間有一鬼魂來訴冤枉。我喚你好幾次，你再也不應，直恁[40]的[41]好睡那。

張千云：我小人兩個鼻子孔一夜不曾閉，並不聽見女鬼訴什麼冤狀，也不曾聽見相公呼喚。

竇天章做叱[42]科，云：哏[43]，今早升廳坐衙，張千，喝攛

[f] 竇天章相信竇娥無辜的證據是什麼？如果放到今天，這種判案方式是正確的嗎？請從中說明當時的司法觀念與現在的司法觀念有何不同。

廂者[44]。

張千做吆喝科，云：在衙人馬平安，擡書案。

稟云：州官見。（外扮州官入參科）

張千云：該房吏典見。（丑扮吏入參見科）

竇天章云：你這楚州一郡，三年不雨，是為著何來？

州官云：這個是天道亢旱，楚州百姓之災，小官等不知其罪。

竇天章做怒科，云：你等不知罪麼！那山陽縣有用毒藥謀死公公犯婦竇娥，他問斬之時曾發願道：「若是果有冤枉，著你楚州三年不雨，寸草不生。」可有這件事來？

州官云：這罪是前陞任桃州守問成的，現有文卷。

竇天章云：這等糊突的官，也著他陞去！你是繼他任的，三年之中，可曾祭這冤婦麼？

州官云：此犯係十惡大罪，[45]元不曾有祠，所以不曾祭得。

竇天章云：昔日漢朝有一孝婦守寡，其姑自縊身死，其姑女告孝婦殺姑。東海太守將孝婦斬了。只為一婦含冤，致令三年不雨。後于公治獄，彷彿見孝婦抱卷哭於廳前，于公將文卷改正，親祭孝婦之墓，天乃大雨。今日你楚州大旱，豈不正與此事相類？[g]張千，分付該房僉牌[46]下山陽縣，

[g] 竇天章引用「東海孝婦」做例子，說明之前孝婦含冤而死，因而三年不雨，今天楚州也三年不雨，所以推定竇娥亦是冤枉的。你覺得他的說法合乎邏輯嗎？

著拘張驢兒、賽盧醫、蔡婆婆一起人犯，火速解審，毋得違誤[47]片刻者。

張千云：理會得[48]。

（下）

（丑扮解子[49]押張驢兒、蔡婆婆，同張千上）

稟云：山陽縣解到審犯聽點。

竇天章云：張驢兒。

張驢兒云：有。

竇天章云：蔡婆婆。

蔡婆婆云：有。

竇天章云：怎麼賽盧醫是緊要人犯不到？

解子云：賽盧醫三年前在逃，一面著廣捕批緝拿去了，待獲日解審。

竇天章云：張驢兒，那蔡婆婆是你的後母麼？

張驢兒云：母親好冒認的？委實是。

竇天章云：這藥死你父親的毒藥，卷上不見有合藥的人，是那個的毒藥？

張驢兒云：是竇娥自合就的毒藥。

竇天章云：這毒藥必有一個賣藥的醫鋪，想竇娥是個少年寡婦，那裡討這藥來？張驢兒，敢是你合的毒藥麼？

張驢兒云：若是小人合的毒藥，不藥別人，倒藥死自家老子？

竇天章云：我那屈死的兒嚛[50]，這一節是緊要公案，你不自來折辯，怎得一個明白，你如今冤魂卻在那裡？

（魂旦上），云：張驢兒，這藥不是你合的，是那個合的？

（張驢兒做怕科），云：有鬼有鬼，撮鹽入水，太上老君，急急如律令，敕。

魂旦云：張驢兒，你當日下毒藥在羊肚兒湯裡，本意藥死俺婆婆，要逼勒我做渾家[51]，不想俺婆婆不吃，讓與你父親吃，被藥死了，你今日還敢賴哩！（唱）【川撥棹】猛見了你這吃敲材[52]，我只問你這毒藥從何處來？你本意待暗裡栽排，要逼勒我和諧，倒把你親爺毒害，怎教咱替你躭[53]罪責？（魂旦做打張驢兒科）

（張驢兒做避科），云：太上老君，急急如律令，敕。

大人說這毒藥必有個賣藥的醫鋪，若尋得這賣藥的人來，和小人折對，死也無詞。

（丑扮解子解賽盧醫上），云：山陽縣續解到犯人一名賽盧醫。

張千喝云：當面[54]。

賽盧醫是審判中的關鍵人物，為何作者不讓他一開始就出場，而是在此處才出現？回頭看前文的竇天章問的「怎麼賽盧醫是緊要人犯不到？」試分析作者用了什麼樣的寫作手法。（提示：可參考第二冊第七課〈童女之舞〉的「寫作練習」欄位。）

竇天章云：你三年前要勒死蔡婆婆，賴他銀子，這事怎麼說？

（賽盧醫叩頭科），云：小的要賴蔡婆婆銀子的情是有的，當被兩個漢子救了，那婆婆並不曾死。

竇天章云：這兩個漢子你認的他叫做什麼名姓？

賽盧醫云：小的認便認的，慌忙之際，可不曾問他名姓。

竇天章云：現有一個在階下，你去認來。

（賽盧醫做下認科），云：這個是蔡婆婆。（指張驢兒），云：想必這毒藥事發了。上云：是這一個，容小的訴稟：

當日要勒死蔡婆婆時，正遇見他爺兒兩個，救了那婆婆去。過得幾日，他到小的鋪中，討服毒藥，小的是唸佛吃齋人，不敢做昧心的事，說道：「鋪中只有官料藥，並無什麼毒藥。」他就睜著眼道：「你昨日在郊外要勒死蔡婆婆，我拖你見官去。」小的一生最怕的是見官[i]，只得將一服毒藥與了他去。小的見他生相是個惡的，一定拿這藥去藥死了人，久後敗露，必然連累，小的一向逃在涿州地方，賣些老鼠藥。剛剛是老鼠被藥殺了好幾個，藥死人的藥，其實再也不曾合。

（魂旦唱）【七弟兄】你只為賴財[55]放乖[56]要當災。（帶云[57]）

[i] 為什麼賽盧醫會說「小的一生最怕的是見官」？只是因為畏罪嗎？仔細閱讀全文，觀察文中的官員和平民以及兩者的互動，再來回答問題。

這毒藥呵，（唱）原來是你賽盧醫出賣張驢兒買，沒來由填做我犯由牌，到今日官去衙門在。

竇天章云：帶那蔡婆婆上來。我看你也六十外人了，家中又是有錢鈔的，如何又嫁了老張，做出這等事來？

蔡婆婆云：老婦人因為他爺兒兩個救了我的性命，收留他在家養膳過世；那張驢兒常說要將他老子接腳[58]進來，老婦人並不曾許他。

竇天章云：這等說，你那媳婦就不該認做藥死公公了。

魂旦云：當日問官要打俺婆婆，我怕他年老受刑不起，因此則認做藥死公公，委實是屈招個！（唱）【梅花酒】你道是咱不該這招狀供寫的明白。本一點孝順的心懷，倒做了惹禍的胚胎。我只道官吏每還復勘，怎將咱屈斬首在長街！第一要素旗槍鮮血灑，第二要三尺雪將死屍埋，第三要三年旱示天災，咱誓願委實大。【收江南】呀，這的是衙門從古向南開，就中無個不冤哉。痛殺我嬌姿弱體閉泉臺[59]，早三年以外，則落的悠悠流恨似長淮。

竇天章云：端雲兒也，你這冤枉，我已盡知，你且回去。待我將這一起人犯並原問官吏，另行定罪，改日做個水陸道場，超度你生天便了。

（魂旦拜科，唱）【鴛鴦煞尾】[60]從今後把金牌勢劍從頭擺，將濫官污吏都殺壞，與天子分憂，萬民除害。〔云〕我可忘了一件，爹爹，俺婆婆年紀高大，無人侍養，你可收恤家中，替你孩兒盡養生送死之禮，我便九泉之下，可也瞑目。

竇天章云：好孝順的兒也。

魂旦唱：囑付你爹爹，收養我妳妳[61]，可憐他無婦無兒誰管顧年衰邁。再將那文卷舒開，（帶云）爹爹，也把我竇娥名下，（唱）屈死的於伏罪名兒改。（下）

竇天章云：喚那蔡婆婆上來。你可認得我麼？

蔡婆婆云：老婦人眼花了，不認的。

婆婆沒有支持竇娥，甚至在前幾折還曾出賣她（勸她認命嫁給張驢兒）。竇娥一開始會成為童養媳，也是因為蔡婆婆放高利貸。然而，歷經苦難的竇娥卻依然為婆婆著想，自己死了還要幫她安排晚年生活。你覺得這合理嗎？你認為這樣的結局，呈現了那個時代怎樣的社會觀念？

竇天章云：我便是竇天章。適才的鬼魂，便是我屈死的女孩兒端雲。你這一行人，聽我下斷：張驢兒毒殺親爺，姦佔寡婦，合擬凌遲[62]，押赴市曹[63]中，釘上木驢[64]，剮[65]一百二十刀處死。陞任州守桃杌[66]，並該房吏典，刑名違錯[67]，各杖一百，永不敘用。賽盧醫不合[68]賴錢，勒死平民，又不合修合毒藥，致傷人命，發煙瘴地面，永遠充軍。蔡婆婆我家收養，竇娥罪改正明白。（詞云）莫道我念亡女與他滅罪消愆，也只可憐見楚州郡大旱三年。昔于公曾表白東海孝婦，果然是感召得靈雨如泉。豈可便推諉道天災代有，竟不想人之意感應通天。今日個將文卷重行改正，方顯的

王家法不使民冤。

注釋

1 折：中國戲曲雜劇的段落，相當於西方戲劇的「幕」(Act)。

2 天人合一：中國古代的一種哲學思想，起源於春秋戰國時期，認為人類社會、政治的現象，與自然現象有所連動。所以在《竇娥冤》中，人類社會的冤案才會引發氣候的異常。

3 寫實主義：西方的文學、藝術流派，興起於十九世紀中期。在文學上，「寫實主義」主張忠實地描繪現實世界，並且特別注意社會底層的苦難，而與追求美善的「浪漫主義」對立。

4 兀那：那、那個。「兀」音「ㄨˋ」。

5 道：說。

6 上：……的時候。

7 與：給予。

8 怎生：如何、怎麼。

9 魂旦：戲中的女鬼。「旦」為中國戲曲中的女性角色，有正旦（青衣）、花旦、刀馬旦、老旦等種類。

10 藥死：用毒藥致人於死。

11 剗地：怎的、怎麼會。「剗」音「ㄔㄢˇ」

12 典刑：執行死刑。

13 臺省：政府的中央機構。

14 刑名：古時負責刑事司法的人。在第四折一開始，竇天章有提到，他的官名是「提刑肅政廉訪使」，職責為掌管糾察官吏善惡、政治得失和獄刑等事。

15 刷卷：元代制度。由「肅政廉訪使」稽查所屬各衙門，督察處理案件的情形。
16 體察：考察。
17 妯娌：兄弟的妻子之間互相的稱謂。「妯」音「ㄓㄡˊ」。「娌」音「ㄌㄧˇ」。
18 牒發：以公文下令押送。音「ㄉㄧㄝˊ」。
19 著：命令。音「ㄓㄨㄛˊ」。
20 嗔：責怪。音「ㄔㄣ」。
21 賽盧醫：故事中的一名醫生。「賽」是「比得上」的意思。「盧醫」指的是古代良醫扁鵲，元曲中常稱庸醫為「賽盧醫」，是反諷的用法。
22 賺：哄騙。
23 過世：終老。
24 問病：探望病人。
25 七竅：臉上的七個孔洞，分別為雙眼、雙耳、鼻孔、嘴巴。
26 弔拷繃扒：弔拷，把人吊起來拷打。繃扒，剝去衣服，用繩子綁起來。
27 白練：白色的絹條。
28 係：是。
29 三伏天：中國古人觀察出一年中最炎熱的時期，大約在七月中旬到八月中旬之間。
30 罪愆：罪過。「愆」音「ㄑㄧㄢ」。
31 瓊花：比喻雪花。
32 鄒衍：戰國時代的人。傳說他被人陷害下獄，仰天大哭，五月竟然下霜，從此用這個故事代表冤獄。
33 唱：之後的【雁兒落】、【得勝令】、【川撥棹】、【梅花酒】等都是曲牌名，是戲曲中的唱腔部分。
34 殘生：餘下的壽命。
35 搭伏定攝魂臺：魂魄憑靠在此。「搭伏定」指憑靠、伏趴在某物體上。
36 喬才：壞蛋。
37 冤讎：冤枉、仇恨。「讎」音「ㄔㄡˊ」。
38 科：戲曲中角色的動作，白話可翻譯為「的樣子」。
39 痛殺我也：悲痛至極。「殺」在此音「ㄕㄚˋ」
40 直：竟然、居然。
41 恁的：怎麼。「恁」音「ㄖㄣˋ」。
42 叱：大聲責罵。音「ㄔˋ」。

43 喂：斥責詞。音「ㄊㄨㄟˋ」。

44 喝攛廂：古代開庭時，差役分站兩廂，吆喝助威。「攛」音「ㄘㄨㄢ」。

45 元：本來，通「原」。

46 僉牌：簽署公文。「僉」音「ㄑㄧㄢ」。

47 違誤：耽誤、失誤。

48 理會得：明白、知道的意思。

49 解子：押送犯人的差役。「解」音「ㄒㄧㄝˋ」。

50 嚛：語氣詞，類似於「唷」。音「ㄏㄨˋ」。

51 渾家：妻子。

52 吃敲材：罵人的話，意思是「該打的東西」。

53 躭：同「擔」，承擔。

54 當面：把犯人拉上公堂受審。

55 賴財：詐騙他人財物。

56 放乖：狡詐、賣弄聰明。

57 帶云：唱腔中間夾雜的對白。

58 接腳：入贅的後夫。

59 泉臺：墳墓、墓穴。

60 鴛鴦煞尾：宮調名稱。「煞尾」為北曲的樂曲尾聲部分。

61 妳妳：「妳」同「嬭」，本意為母親，這裡指婆婆。

62 凌遲：中國古代的一種酷刑。劊子手會用小刀把受刑人的皮肉分成百至千塊，一塊一塊割下來，讓受刑者受盡痛苦、慢慢死去。

63 市曹：商店聚集之處，古時多於此處決罪犯。

64 木驢：古代執行凌遲時，會先把受刑人放在有鐵刺的木樁上遊街示眾，叫做「上木驢」。

65 剮：一種古代的刑罰，將人體慢慢削割而死。音「ㄍㄨㄚˇ」。

66 梼杌：本是兇惡的野獸名，後比喻為惡人，音「ㄊㄠˊ ㄨˋ」。

67 違錯：失誤、錯亂。

68 不合：不應、不該。

問題與討論

1 〈竇娥冤〉中女性受制於禮教及三從四德，權益受到壓抑，你覺得現代社會中女性過得比較好了嗎？從哪些地方可以看出來？

2 鬼魂託夢、訴說冤屈、協助辦案的情節，在世界各國的文學中都可見到。即使是在現實生活中，我們也可看到「冤魂託夢給警方，於是真相水落石出」的新聞。鬼魂破案，正義因此能獲得伸張，反映了什麼樣的文化想像？

3 〈竇娥冤〉雖是冤案，但後來的審理方式並不符合現代法庭的標準。請你參考題解，並查詢現代法庭的辦案程序，找出審理中不符合程序正義的部分。如果要以現代背景重寫《竇娥冤》，至少需要補上哪些證據？

寫作練習：典型人物

〈竇娥冤〉因為寫實主義的興起而受到重視。而在寫實主義中，最核心的手法之一便是塑造「典型人物」。所謂「典型人物」，指的便是故事中的角色雖然只是「一個人」，但它身上帶有的特質卻代表了「社會上的某一群人」，因此是一種經過刻意打造的「樣本」。跟真實世界的人類相比，「典型人物」的形象更加鮮明、清晰、集中於某些特質，而能帶給讀者深刻的印象。比如〈竇娥冤〉中的竇娥便可視為元代底層女性的「典型人物」，她的一生集中了各式各樣的女性苦難，整部作品中完全沒有提到她人生中是否曾有幸福的時刻。

請從你日常生活會遇到的人當中，挑出一種人來塑造「典型人物」。請為你的典型人物寫出十項特徵、或者它所經歷過的人生事件，集中凸顯它最主要的特質。總長不超過五百字。

延伸閱讀

文字

1 張娟芬，《十三姨KTV殺人事件》，行人，二〇一三。

2 臥斧，《FIX》，衛城出版，二〇一七。

3 李濠仲，《1.368坪的等待：徐自強的無罪之路》，衛城出版，二〇一六。

4 森炎著，謝煜偉，洪維德，劉家丞譯，《冤罪論》，商周出版，二〇一五。

5 陳浩基，《13・67》，皇冠，二〇一四。

6 班恩・艾倫諾維奇著，《倫敦河惡靈騷動》，鄭郁欣譯，馬可孛羅，二〇一六。

7 紀蔚然，〈快搬梯子啊〉出自《嬉戲》，印刻，二〇〇四。

8 趙南柱，《82年生的金智英》，漫遊者文化，二〇一九。

影視

1 杜琪峯導演，《威龍闖天關》，一九九二年上映。

2 伍宗德、莊訓鑫、鄭健榮、林合隆導演，《台灣靈異事件》，一九九六年到二〇〇三年上映。

3 約翰・麥登導演，《攻敵必救》（Miss Sloane），二〇一六年上映。

4 林君陽導演，《我們與惡的距離》，二〇一九年上映。

遊戲

1 《逆轉裁判123：成步堂精選集》，CAPCOM，2019年發行。

第十課　晚遊六橋待月記

題解

本課〈晚遊六橋待月記〉寫於西元一五九八年，這一年袁宏道三十歲。此前，袁宏道因病辭去吳縣知縣，赴杭州找好友陶望齡。陶望齡字石簣，便是文中提到的友人。他是當時著名的文人，於文壇、政壇的地位都極高，早在袁宏道入仕前就大力反對過復古文風，後來亦是「公安派」重要人物。袁宏道在陶望齡兄弟家中盤桓數月，賞玩西湖勝景。甫卸下知縣之位，袁宏道此時的心情頗為閒適，先後寫下十六篇遊記，〈晚遊六橋待月記〉即為其中名篇。

六橋為西湖著名景點，指的是蘇堤一帶的六座橋。文中所說的「斷橋至蘇堤一帶」，指的是由西湖北端的「斷橋」沿湖向東走，再折而向南至蘇堤一帶。根據文意推測，這應是當時杭人遊湖的熱門路線，然而袁宏道實際「晚遊」的位置，可能就只有蘇堤附近。

〈晚遊六橋待月記〉在篇名上確切指出時間、地點與事由，但文中並未依循遊記之常規寫下遊玩經過。嚴格說來，這篇文章並不是完整的遊記，更接近心情隨筆。文章本身並無嚴謹架構，亦無嚴肅之主題。

然而，對應袁宏道的創作歷程以及文學主張來看，〈晚遊六橋待月記〉等隨筆文字表徵了「公安派」創作理論的成熟。這種隨筆寫法有別於自唐宋以來強調「文以載道」的「古文」以及明代前後七子以來所主張的「擬古派」，而是完全不蹈襲前人，只純粹描寫當下的經驗與心思，其特殊處是內容無關文人的志向、社會責任或家國關懷。

作者

袁宏道（西元一五六八年－西元一六一〇年），字中郎，號石公，湖廣公安縣人（今中國湖北省公安縣）。他是晚明著名的文學家，與其兄袁宗道、其弟袁中道共同主張文章應當「重性靈、貴獨創」。三人在當時文壇頗具影響力，因籍貫之故，世稱三人為「公安三袁」，其所形成之文學流派即為「公安派」。

袁宏道早慧，自幼擅詩文，在鄉里之間早有聲名，許多文人以之為師。其後兄長袁宗道授翰林院編修，後又任東宮講官，即太子的講師。袁宏道隨著兄長結識了一些重要文人，包含陶望齡、李贄與湯顯祖等人。這段機緣為後來公安派的文學主張提供了重要的基礎。

袁宏道曾評價過小弟袁中道的詩，稱其為「獨抒性靈，不拘格套」，這句話也成為後人理解公安派文學主張的重要依據之一。所謂「性靈」，指的是創作者最自然、真實的感受；「不拘格套」則顯然是批判當時人們模擬剽竊的擬古文風。由此可知，袁宏道等人理想中的文學創作，在形式上並不需拘泥於各種傳統標準，在內容上則要真實地書寫內心之感受。

袁宏道以及公安派諸人長期活躍於文壇，對晚明的文學形成巨大影響。其主張文學隨時代演進，也讓傳統士人的目光開始轉移到小說、戲曲、民謠等俗文學上面。公安三袁去世後，後繼者未有標誌性人物，公安派遂逐漸式微。然而，其重視真實、自然，活潑而富

BOX 「公安派」出現的背景

明初以來，「復古」一直都是文壇的主流思想。明代的「前七子」李夢陽、何景明等人提出了「文必秦漢、詩必盛唐」的主張，是謂「擬古派」。所謂擬古，指的是在歷代的文學中找尋楷模、範本，而後極盡推崇、模擬，以此為文學之最高審美標準。

擬古派的文學主張具體而明確，在文壇造成巨大影響。但寫作者大肆模擬前人文章，推崇某些僵化標準，也讓這類創作漸漸失去生命力，文章徒具空洞形式，甚至流於剽竊。時至袁宏道所處之時代，許多人對擬古派庸俗的風氣之不滿，也慢慢累積成一股新的力量。

明代中後期，隨著社會發展，城市、商業、交通、印刷大幅進步，帶來了更加自由的環境，加速了知識的傳遞與溝通，思想與文化也隨之變革。思想家王陽明挑戰了開國以來作為官方權威的朱熹學說，重新詮釋儒家的核心概念。他勇於質疑傳統，選擇追問事物的本質，其學說對傳統的文學審美亦產生了影響。

時至晚明，思想解放的情形日盛，前面提及的李贄即深受陽明學之影響，提出許多叛逆思想。其著名的〈童心說〉重新定位了文學的審美觀，認為文學作品應當要有「童心」，也就是所謂「真心」。好的文學作品必然有屬於作者與時代的真實關懷，以此標準而言，文章未必要追求古人之標準，每個時代都可以有優秀的作品出現。公安三袁受李贄其人及學說影響甚深，公安派的文學主張，很大一部份可說奠基於此。無論是李贄或三袁所提出的理念，就文學史上來看，都可視為對明初以來復古文風的批判。

有生命力的文學主張，卻持續影響後世之文學。

西湖[1]最盛，為春，為月。一日之盛，為朝煙，為夕嵐。[a]

今歲春雪甚盛，梅花為寒所勒[2]，與杏桃相次[3]開發，尤為奇觀。[b]石簣[4]數[5]為余言：「傅金吾[6]園中梅，張功甫玉照堂[7]故物也，急往觀之。[c]」余時為[8]桃花所戀，竟不忍去湖上。

由斷橋[9]至蘇隄[10]一帶，綠煙紅霧[11]，彌漫二十餘里。歌吹[12]為風，粉汗[13]為雨，羅紈[14]之盛，多於隄畔之草，豔冶[15]極矣。[d]

提問

a 文首兩句，皆言西湖之盛景。前一句說最美的是「春」與「月」，後一句卻又說是「朝煙」與「夕嵐」。若就嚴謹的邏輯上來說，這兩句是否有矛盾？參考題解、作者與BOX欄位，你會怎麼解釋這樣的句子？

b 此處所謂的奇觀指的是什麼？請根據文意，說明為什麼會造成這樣的景象？

c 請參考題解與作者，說明石簣（陶望齡）是站在什麼樣的立場，又基於什麼樣的理由或心態，要作者「急往觀之」？

d 此段寫杭人遊湖之盛況。作者以「草」來形容遊人之眾多，你能否推測作者對這些遊人的想法？再往下讀完全文，尤其是文章末段，你覺得作者為何要這樣描寫遊人？

然杭人遊湖，止午、未、申三時，其實湖光染翠之工[16]，山嵐設色之妙，皆在朝日始出，夕舂[17]未下，始極其濃媚。

月景尤不可言，花態柳情，山容水意，別是一種趣味。此樂留與山僧遊客受用，安可為俗士道哉[e]。

[e] 此段的「遊客」與前面提到遊湖的「杭人」是指同樣的群體嗎？如何知道？又，此處的「俗士」有貶義嗎？回頭看看題解與作者，可否由最後一段找到符合與公安派文學主張相印證的精神？

注釋

1 西湖：中國杭州西邊的大湖，為中國著名勝景。南宋定都臨安後，杭州在文化、經濟等各層面高度發展，西湖一帶日漸成為熱鬧繁榮的遊賞景點。

2 勒：抑制。

3 相次：相繼、輪流。

4 石簣：即陶望齡，作者好友，亦為當時重要文人。「簣」音「ㄎㄨㄟˋ」。

5 數：屢次。音「ㄕㄨㄛˋ」。

6 傅金吾：「金吾」為武官名，傅氏何人不詳。

7 張功甫玉照堂：張功甫即張鎡，字功甫，號約齋，南宋人。張功甫出身華貴，能詩文，好風雅，著有《梅品》，是當時品鑑梅花的名家。玉照堂為張功甫所有，內有梅花四百株，夜晚時梅花潔白輝映，宛如玉照，故得名。

8 去：離開。

9 斷橋：西湖著名景點之一，其名稱由來據說是冬雪時若遠觀橋面，其被冰雪遮覆若隱若現的樣子，像是橋似斷非斷。

10 蘇隄：北宋時蘇軾任杭州知府，疏浚西湖時，以淤泥和葑草築成、聯繫西湖南北的長堤。因其成為市、郊聯絡要道，漸發展成集市，成為杭人出遊的熱門景點。「隄」音「ㄊㄧˊ」，同堤。

11 綠煙紅霧：指白堤與蘇堤兩邊各自成排的楊柳與桃樹。

12 歌吹：歌唱與奏樂聲。「吹」音「ㄔㄨㄟˋ」。

13 粉汗：指婦女之汗。婦女面多敷粉，故云。

14 羅紈：絲綢，此借指穿著綢緞的仕女遊人。

15 艷冶：艷麗。

16 工：巧。

17 夕舂：此指落日。「舂」音「ㄔㄨㄥ」。

問題與討論

1 從今日的角度來看，袁宏道從文學主張到為人，多少透露出一種對世俗的不屑。請試著就一個文人、知識分子在當時的處境來討論，這樣的態度是否恰當？若在今日，這樣的思維又是否適當？是否可能產生問題？

2 公安派文學的主張是「重性靈、貴獨創」，請問你同意這樣的觀點嗎？為什麼？

3 公安派文人認為每個時代都有自己的代表性文體，不應該以今或古來分優劣，只要是屬於那個時代的語言，都該得到肯定。在文學作品的審美上，並不該存在越古典就越高級的思維。你同意這樣的看法嗎？今日寫作時若有人選擇以時下的流行語、表情符號或所謂「次文化用語」入文，是否會影響文學價值？請試著說明自己的看法。

寫作練習：

「隨筆」的逸趣

「隨筆」是散文的一個分支。「隨筆」追求的是生活中的「靈光乍現」和「忽有所感」，隨興提筆寫下生活經驗。因此篇幅不長，也不在乎結構是否嚴謹、主題是否嚴肅。如果用食物來比喻，正規的文章是正餐，隨筆則更像點心。隨筆雖短，但由於形式上比較輕鬆，往往更能展現作者的個性、品味，也是一種適合社群網路的抒發方式。一則隨筆通常只表達一個概念，這個概念往往是與他人不同的，並且點到為止、不做過多的申論和闡述，以保留欲言又止的「逸趣」。如本課課文只有兩百多字，僅處理作者認為西湖最佳的景色，並符合隨筆的趣味。

請尋找一件「他人忽略、但你很喜歡」的事物，不管是景色、時刻、興趣、人物都可以。以這件事物撰寫一則隨筆，說出你和他人不同的感受。文長不超過三百字。你可以試著將它分享在社群網站上，並且觀察他人的回饋。

延伸閱讀

文字

1 比爾．布萊森，《別跟山過不去》，皇冠，二〇〇〇。

2 胡錦媛，《臺灣當代旅行文選》，二魚文化，二〇一三。

3 張岱，《張岱的明末生活記憶：《陶庵夢憶》與《西湖夢尋》合刊》，釀出版，二〇一五。

4 史景遷，《前朝夢憶：張岱的浮華與蒼涼》，時報出版，二〇一六。

5 巫仁恕，《品味奢華：晚明的消費社會與士大夫》，聯經，二〇一九。

音樂

1 陳綺貞演唱，〈旅行的意義〉，收錄於《華麗的冒險》專輯，二〇〇五年發行。

2 Suming 演唱，〈小旅行〉，收錄於《Amis Life 美式生活》專輯，二〇一三年發行。

遊戲

1 《薩爾達傳說：曠野之息》，任天堂出品，二〇一七年上市。

2 《碧血狂殺2》，Rockstar Games 出品，二〇一八年上市。

3 《死亡擱淺》，小島製作出品，二〇一九年上市。

閱讀
超連結

導言
閱讀超連結

歡迎你來到本冊的「閱讀超連結」。

如同前幾單元的導言所說，本冊的核心關懷是「理念」，包括「我們應該過怎樣的公共生活」的理念，也包含「如果理念不受社會認可」的自我安頓之道，更有「人與自然環境該如何共處」的文化理念。文學作品不僅是作者個人的情思表達，更是幫助人們溝通理念、傳承理念的載具。文學描寫人、關心人，自然會思索人類集體的命運：我們的過去發生了什麼事？我們的現在有什麼問題？我們的未來有什麼可能性？

當然，能夠印在課本上讓你讀到的，必定都是過去的作品。他們所思考的問題，跟你未來要面對的問題不見得相同。然而，前人走過的路，正是我們面對未來最好的資源。在本冊的閱讀超連結中，我們針對每個單元的主題，各自延伸一篇作品，提供你比較閱讀。

針對第一單元的「公共生活」，我們補充的是〈美國獨立宣言〉。這是一份寫於西元一七七六年的政治文件，當時英國在北美洲擁有大片的殖民地，這些殖民地最終受不了英國政府的壓迫，決定起而獨立，創建美國。〈美國獨立宣言〉一開頭就宣稱：「人人生而平等，造物主賦予他們若干不可剝奪的權利，其中包括生命權、自由權和追求幸福的權利。」這句話奠定了美國的立國精神，也是美國人起身反抗英國政府的理念基礎。美國的獨立不但是一樁重大的政治事件，更是美國人追求「理想的公共生活」，並且為之犧牲奉獻的行動。而從寫作的角度來看，〈美國獨立宣言〉情理兼備，一方面建構了獨立運動的正當性，一方面也透過連串的控訴召喚了美國人的團結，是一份非常經典的政治宣言。不過文中對印地安人的描述仍因時代侷限而帶有偏見，閱讀時要特別留心。

第二單元我們選錄的是美國詩人羅伯特．佛羅斯特最廣為人知的詩作〈未走之路〉（The Road Not Taken），對應「自我安頓」的主題。〈未走之路〉透過象徵性的「兩條路」，思考人生道路的選擇。人生沒有如果，無論怎麼選都只能走上某一條路，而另一條「未走之路」是永難再走的。許多人將〈未走之路〉的結尾詮釋為「人應該肯定自己的選擇」，然而你可以注意詩句的語氣，思考是否可以有其他的解讀方式。除了中譯之外，也試著上網搜尋英文原文，感受它的節奏感和聲音安排。

接著，我們選錄了鹿野忠雄的〈新高雜記〉作為第三單元「環境意識」的補充。鹿野忠雄是日治時期最重要的博物學家之一，留下大量關於臺灣昆蟲、植物、地質、原住民的研究。他從學生時期就開始踏查臺灣山林，西元一九四一年寫下《山、雲與蕃人：臺灣高山紀行》，至今仍是臺灣高山文學的經典著作。〈新高雜記〉就選自《山、雲與蕃人：臺灣高山紀行》。「新高」指的是「新高山」，是日本人稱呼「玉山」的用詞。因為日本將臺灣納入殖民地之後，臺灣島上的玉山就成為當時「新的全國最高峰」，故稱為「新高」。因此，在閱讀〈新高雜記〉時，不但可以欣賞鹿野忠雄理性與情感兼具的景物描繪，更要注意其中的「殖民者視角」。自然環境是中性的，但觀看環境的眼睛卻有其歷史脈絡，在讚嘆玉山之美時，鹿野忠雄時時都會以日本自身的例子來比較，從中便可看出他的出發點。

最後，在討論「中國文學史——元、明、清」的第四單元，我們補充的是列入課綱推薦選文的〈勞山道士〉。正如第四單元導言所說，這個時期的小說發展十分昌盛，蒲松齡的《聊齋誌異》是重要的代表之一。〈勞山道士〉選錄自《聊齋誌異》，你可以從中一窺這個時代古典小說的風貌。也由於是「推薦選文」之一，所以這篇文章會仿照課本模式，一樣設有「注釋」和「提問」的欄位。你可以隨著提問的引導，觀察小說家如何建立人物形象、安排情節。

在這一學期結束後，你和你的同學就即將成年，準備成為新的社會力量了。作為一名現代公民，你將面對複雜的挑戰與難以預測的未來。然而，你也將擁有過去人類所累積下來的所有智慧，整個人類文明都可以成為你的資源——只要你願意持續閱讀，持續思考。

美國獨立宣言 Declaration of Independence

摘自「美國在台協會」網頁
https://web-archive-2017.ait.org.tw/zh/declaration-of-independence.html

【前言】

英國與其美洲殖民地之間的戰爭於一七七五年四月開始。隨著戰爭的延續，和解的希望逐漸消失，完全獨立已成為殖民地的目標。一七七六年六月七日，在大陸會議的一次集會中，維吉尼亞的理查・亨利・李提出一個議案，宣稱：「這些殖民地是自由和獨立的國家，並且按其權利必須是自由和獨立的國家。」六月十日大陸會議指定一個委員會草擬獨立宣言。實際的起草工作由湯瑪斯・傑佛遜負責。七月四日獨立宣言獲得通過，並分送十三州的議會簽署及批准。

獨立宣言包括三個部分：第一部分闡明政治哲學——民主與自由的哲學，內容深刻動人；第二部分列舉若干具體的不平事例，以證明喬治三世破壞了美國的自由；第三部分鄭重宣布獨立，並宣誓支持該項宣言。

【大陸會議（一七七六年七月四日）美利堅合眾國十三個州一致通過的獨立宣言】

在有關人類事務的發展過程中，當一個民族必須解除其和另一個民族之間的政治聯繫並在世界各國之間依照自然法則和上帝的意旨，接受獨立和平等的地位時，出於對人類輿論的尊重，必須把他們不得不獨立的原因予以宣布。

我們認為下面這些真理是不言而喻的：人人生而平等，造物者賦予他們若干不可剝奪的權利，其中包括生命權、自由權和追求幸福的權利。為了保障這些權利，人類才在他們之間建立政府，而政府之正當權力，是經被治理者的同意而產生的。當任何形式的政府對這些目標具破壞作用時，人民便有權力改變或廢除它，以建立一個新的政府；其賴以奠基的原則，其組織權力的方式，務使人民認為唯有這樣才最可能獲得他們的安全和幸福。為了慎重起見，成立多年的政府，是不應當由於輕微和短暫的原因而予以變更的。過去的一切經驗也都說明，任何苦難，只要是尚能忍受，人類都寧願容忍，而無意為了本身的權益便廢除他們久已習慣了的政府。但是，當追逐同一目標的一連串濫用職權和強取豪奪發生，證明政府企圖把人民置於專制統治之下時，那麼人民就有權利，也有義務推翻這個政府，並為他們未來的安全建立新的保障——這就是這些殖民地過去逆來順受的情況，也是它們現在不得不改變以前政府制度的原因。當今大不列顛國王的歷史，是接連不斷的傷天害理和強取豪奪的歷史，這些暴行的唯一目標，就是想在這些州建立專制的暴政。為了證明所言屬實，現把下列事實向公正的世界宣布：

他拒絕批准對公眾利益最有益、最必要的法律。

他禁止他的總督們批准迫切而極為必要的法律，要不就把這些法律擱置起來暫不生效，等待他的同意；而一旦這些法律被擱置起來，他對它們就完全置之不理。

他拒絕批准便利廣大地區人民的其他法律，除非那些人民情願放棄自己在立法機關中的代表權；但這種權利對他們有無法估量的價值，而且只有暴君才畏懼這種權利。

他把各州立法團體召集到異乎尋常的、極為不便的、遠離它們檔案庫的地方去開會，唯一的目的是使他們疲於奔命，不得不順從他的意旨。

他一再解散各州的議會，因為它們以無畏的堅毅態度反對他侵犯人民的權利。

他在解散各州議會之後，又長期拒絕另選新議會；但立法權是無法取消的，因此這項權力仍由一般人民來行使。同時各州仍然處於危險的境地，既有外來侵略之患，又有發生內亂之憂。

他竭力抑制我們各州增加人口；為此目的，他阻撓外國人入籍法的通過，拒絕批准其他鼓勵外國人移居各州的法律，並提高分配新土地的條件。

他拒絕批准建立司法權力的法律，藉以阻撓司法工作的推行。

他把法官的任期、薪金數額和支付，完全置於他個人意志的支配之下。

他建立新官署，派遣大批官員，騷擾我們人民，並耗盡人民必要的生活物質。

他在和平時期，未經我們的立法機關同意，就在我們中間維持常備軍。

他力圖使軍隊獨立於民政之外，並凌駕於民政之上。

他同某些人勾結起來，把我們置於一種不適合我們的體制且不為我們的法律所承認的管轄之下；他還批准那些人炮製的各種偽法案來達到以下目的：

- 在我們中間駐紮大批武裝部隊；
- 用假審訊來包庇他們，使他們殺害我們各州居民而仍然逍遙法外；
- 切斷我們同世界各地的貿易；
- 未經我們同意便向我們強行徵稅；
- 在許多案件中剝奪我們享有陪審制的權益；
- 編造罪名押送我們到海外去受審；
- 在一個鄰省廢除英國的自由法制，在那裏建立專制政府，並擴大該省的疆界，企圖把該省變成既是一個樣板又是一值得心應手的工具，以便進而向這裏的各殖民地推行同樣的極權統治；
- 取消我們的憲章，廢除我們最寶貴的法律，並且根本上改變我們各州政府的形式；
- 中止我們自己的立法機關行使權力，宣稱他們自己有權就一切事宜為我們制定法律。

他宣布我們已不屬他保護之列，並對我們作戰，從而放棄了在這裏的政務。

他在我們的海域大肆掠奪，蹂躪我們沿海地區，焚燒我們的城鎮，殘害我們人民的生命。

他此時正在運送大批外國傭兵來完成屠殺、破壞和肆虐的勾當，這種勾當早就開始，其殘酷卑劣甚至在最野蠻的時代都難以找到先例。他完全不配作為一個文明國家的元首。

他在公海上俘虜我們的同胞，強迫他們拿起武器來反對自己的國家，成為殘殺自己親人和朋友的劊子手，或是死於自己的親人和朋友的手下。

他在我們中間煽動內亂，並且竭力挑唆那些殘酷無情、沒有開化的印第安人來殺掠我們邊疆的居民；而眾所周知，印第安人的作戰規律是不分男女老幼，一律格殺勿論的。

在這些壓迫的每一階段中，我們都是用最謙卑的言辭請求改善；但屢次請求所得到的答覆是屢次遭受損害。一個君主，當他的品格已打上了暴君行為的烙印時，是不配作自由人民的統治者的。

我們不是沒有顧念我們英國的弟兄。我們時常提醒他們，他們的立法機關企圖把無理的管轄權橫加到我們的頭上。我們也曾把我們移民來這裏和在這裏定居的情形告訴他們。我們曾經向他們天生的正義感和雅量呼籲，我們懇求他們念在同種同宗的份上，棄絕這些掠奪行為，以免影響彼此的關係和往來。但是他們對於這種正義和血緣的呼聲，也同樣充耳不聞。因此，我們實在不得不宣布和他們脫離，並且以對待世界上其他民族一樣的態度對待他們：和我們作戰，就是敵人；和我們和好，就是朋友。

因此，我們，在大陸會議下集會的美利堅合眾國代表，以各殖民地善良人民的名義，並經他們授權，向全世界最崇高的正義呼籲，說明我們的嚴正意向，同時鄭重宣布；這些聯合一致的殖民地從此是自由和獨立的國家，並且按其權利也必須是自由和獨立的國家，它們取消一切對英國王室效忠的義務，它們和大不列顛國家之間的一切政治關係從此全部斷絕，而且必須斷絕；作為自由獨立的國家，它們完全有權宣戰、締和、結盟、通商和採取獨立國家有權採取的一切行動。為了支持這篇宣言，我們堅決信賴上帝的庇佑，以我們的生命、我們的財產和我們神聖的名譽，彼此宣誓。

未走之路

撰文／羅伯特．佛羅斯特，翻譯／奇異果文創。

黃樹林裡有兩條岔路，
遺憾的是我不能兩條都走，
身為一名旅人，我久久地駐足
盡力眺望其中一條路的盡頭
直到它彎向了森林深處；

然後我踏上了另一條同樣美麗的路，
也許更值得嚮往
因為它野草叢生待人踏覆；
不過以這一點而言
兩條路幾乎一模一樣，

兩條路在那日清晨同樣橫在
無人踩踏的落葉裡。
啊，我把第一條路留給未來哪一天吧！
然而道路條條相連
我懷疑是否能重回此地。

我將會一邊嘆息一邊說，
在某處的多年以後；
樹林中有兩條小路，而我——
我選了一條較少人走過的，
而這讓一切變得如此不同。

玉山雜記─玉山地方山與住民的關係（節錄）

撰文／鹿野忠雄，翻譯／楊南郡，收錄於《山、雲與蕃人：臺灣高山紀行》，玉山出版社。

以往多次在臺灣蕃地旅行中，我覺得最有魅力而且最常去的地方，是北部次高山彙（雪山地壘）和本島東南海上的紅頭嶼（蘭嶼）。然而，玉山地方具備最有臺灣風味的高峰和住民，所以我一直對它有深厚的愛慕。

玉山海拔三千九百五十公尺，是人人皆知的我國最高峰。臺灣島上竟有這麼高的山拔地而起，高度幾乎四千公尺，並非偶然。

島上有幾支山脈沿著島軸南北方向縱貫本島。西北部有雪山山脈，隔著寬大的山谷與脊樑的中央山脈相望，而玉山山脈位於本島中央，與中央山脈最近。站在玉山頂向東邊的天空眺望，但見秀姑巒山、馬博拉斯山諸峰聳立於咫尺之間。這是由於在地質學上較晚近的年代，臺灣造山運動集中於島中央，發生了中央地帶褶曲隆起，而屬於邊緣的海岸地帶則呈現褶曲下陷現象。實地所見的狀況證實了學術界的看法。

玉山地方的大自然形貌極為粗獷，鋸齒狀的尖峰和深邃的溪谷處處，一場大雨通常會造成山崩石落，從山的四周奔流而下的黑濁濁溪水一瀉而下，流礫充塞於濁水溪下游寬約一里的溪床，流礫互擊的聲響震撼四方。這就是玉山地方大自然所演出的一幕驚天動地的戲碼。

這裡的山岳是以始新世年代以來的砂岩、頁岩及粘板岩構成，岩質脆弱，易於崩壞。熱帶的太陽光把山肌燒成赤褐色，或者因為高山嚴寒酷冷，加速岩石的風化作用。這一帶的年平均雨量超過三千毫米，以阿里山為例，曾經有颱風後一日降雨量達到一千零三十四毫米的紀錄，打破了世界紀錄。

玉山地方的山岳具有雄健的男性美，好比說，在苛酷的大自然考驗中，克服萬難的人越發有吸引人的魅力，在同樣的苛酷自然中永恆屹立的山岳，那聖潔、崇高之美把我的心牢牢地吸住。

撥開森林外衣，你將看到玉山的魅力在於沈積岩之美。日本內地的赤石山脈也比不上這裡的豪邁。這裡群山怒濤般靜峙，每一座高峰向高空劃出粗獷的輪廓，粗獷中帶有愉快的韻律感和抑揚頓挫。

在歐洲阿爾卑斯山脈、美洲洛磯山脈或亞洲喜馬拉雅山脈所見的褶皺地層，因不見於日本內地的高山而使我們深覺遺憾，然而這種地層上的特徵，在臺灣玉山地方隨處可見，我們只要親眼看到臺灣山岳偉岸的山容，再回顧當地地質發育史，便有深刻的印象。

新高山彙（玉山地壘）上的每一座高峰，都有顯著的褶皺風貌。嶙峋的尖峰，岩股裸露於森林界限之上的高寒地帶，加上屬於砂岩和頁岩的地層傾斜，侵蝕作用激烈，這些因素造成了特異的風貌。

我非常喜歡雲，尤其愛看臺灣高山上的雲。雲時時刻刻在變化，雲的千奇百態不是臺灣所獨有，然而臺灣的雲的確和日本內地的雲不同。

因為臺灣島位於暖和的南海之上，島上高峰連立所產生的雲，格外美麗而多變。這裡的雲吸飽豐富的水汽後飄蕩於空中，形成有節奏的流動感。南國的雲比日本北方的雲有更大的黏著力，雲粘附於山肌，或凝聚成龐然大物，或離散而獨自逍遙，上述各種姿態，無時不刻衝擊我的心弦。

在臺灣進行高山之旅時，我常常看到一團白雲流過山稜，宛如瀑布一般向下流瀉，形成一道雲瀑。我個人認為這是雲有粘著力的緣故。

除了雲彩的魔力之外，引起我高度興趣的是高山上的夕照。高山上所見的夕照，總是會觸動感官，引起妖豔的幻想和陶醉。臺灣的夕照比日本內地的夕照變化得更快。在高山寂靜的暮色中，我愛看那晚霞的豔麗和光度急速變化的過程，直到進入忘我之境。

北回歸線上的玉山地方一旦進入冬季，山上就有積雪，甚至到了三月底，還能夠以雪景喚起平地人注意高山的存在。玉山頂附近有時候積雪一丈厚，附著於斷崖面的白雪，沿著地層褶曲線畫出紋路。這時候，高山突然出現另一種面貌，似乎變成另一座山。

以往我在臺灣高山研究生物相分佈，相信臺灣在更新世的年代曾經發生氣候的突變，當時有極寒氣候來襲，造成了玉山頂冰河期遺物——圈谷。要識別冰河時代的圈谷並不難，積雪期從別處眺望，更是一目瞭然。

回顧玉山地方，我不禁想起我對森林帶和生物分布相同時垂直分布的興趣。我曾經把臺灣北部雪山地壘區分為六個生物分布帶，這個區分方式也適合於玉山地壘。臺灣島南北縱距不過三百九十公里，但是緯度的變化產生很大的影響，兩個地壘之間有一千尺的隔差。山頂急峻的玉山是否已經超越森林界限，還有研究的空間，但是玉山山麓的亞熱帶林，比起雪山地壘的山麓，有更濃厚的熱帶風貌。

玉山地方降雨量的分布很不均勻，只分為乾、濕兩季，所以玉山地方山麓地帶沒有莊麗的熱帶雨林。然而，就原生林而言，以臺灣天仙果、樟、紅楠為主的常綠照葉樹林，把山麓塗成清一色的濃綠，樹冠蓬鬆鼓漲。長夏的太陽照在這原生林上引起輝映，極為壯麗。

爬升到三千尺以上，我們發現各種殼斗科植物占優勢，地錦、石月類纏繞於樹上，而由於濕度增加，比低地孕育更多的氣生植物，這一帶反而呈現雨林的特徵。

海拔六千尺的高地，開始帶有溫帶林的林貌，臺灣黃杞、臺灣胡桃、阿里山榆、臺灣黃蘗等落葉闊葉樹加入，所以這個高度可稱為半落葉闊葉樹林帶。這個林帶也可見尖葉槭、樟葉槭、臺灣紅榨槭等植物，每年十月也和內地一樣葉子變紅。有時候，扁柏、紅檜的單純林也會出現，樹高一百公尺以上的巨木亭亭而立，這是日本內地所沒有的森林偉觀。

到了海拔八千尺的高度，才有鐵杉，雲杉等針葉林出現，這時溫帶林的林貌更強烈。此林帶上部是寒帶林，有臺灣冷杉群生，掛在枝椏上的松蘿隨風飄動。

如果要看北國風光，一定要到海拔九千尺以上的高度。一萬尺左右的密度，森林帶豁然開朗，眼前出現高山景觀。以西伯利亞為中心分布，也在日本高山地帶常見的「偃松」沒有出現於這個高度的臺灣高山，反而是分布於中國西部高山地帶的玉山圓柏，以匍匐姿態群生於臺灣高山，圓柏的群落好像給大地鋪上一張深綠色地毯，而且伴生的玉山杜鵑群落同時盛開，儼成一個絢爛的高山花園。

有人說，臺灣高山植物的群落不怎麼豪華，然而在臺灣高山，我們常在岩角或崖錐上看到各種高山野花一齊怒放的大景觀，例如高山翻白草、玉山毛茛、尼泊爾籟簫、玉山蒿草、玉山龍膽、阿里山龍膽、玉山沙參等群芳競豔，其間還可以看到玉山薄雪草那狀似錦毛的玲瓏白花，驚嘆歐洲阿爾卑斯山的名花edelweiss的親戚出現於臺灣高山。

次要的植物景觀方面，最顯著的是在海拔九千至一萬尺的高度所見的草原。草原以短莖、高度不及膝的高山芒為主。臺灣高山草原彷彿是阿爾卑斯山的高山牧場，柔滑的草原地帶在這個高度隨處可見到。草原通常在森林界限以內，大都是蕃人燒墾的結果。森林火災後首先侵入的樹種，是臺灣的二葉松。我爬臺灣高山時，常常傾聽二葉松在山風吹拂下奏出的松濤聲，也常在夏秋之交在二葉松樹下沈厚的松針中尋找松茸。

玉山地方的動物比植物更豐富，和植物一樣呈帶狀垂直分佈。動物相不只是以視覺識別，也可以靠聽覺加以識別。例如，蟬類分布到海拔九千尺地帶，所發出的鳴叫聲互異。在本文裡無法逐一舉出動物的種類和生活史，但需要注意高山動物相的類緣關係。

玉山山腰以下的脊椎動物，非常接近棲息於華南低山地帶的種類，甚至是同類。高山上棲息著特殊種類，這些和華南沒有關聯，反而與更遠的雲南、四川、西藏東部的高山動物有類緣。例如，臺灣星鴉、阿里山鶯、朱雀、煤山雀、金翼白眉、白眉鶇、鱗胸鷦鷯，以及其他很多鳥類，都和中國西南高地及喜馬拉雅山區的鳥同種，只是以「臺灣特有亞種」來區別。在高山頂岩石上跳耀的岩鷚，和喜馬拉雅山區的岩鷚是同一種。

在植物方面，也容易找到和動物一樣的狀況。例如羅漢松、臺灣杉、臺灣油杉、裂葉苦草等，顯示和上述地區是共同種屬。

我跟一般人一樣對喜馬拉雅山區有強烈的憧憬，期待將來有一天前往踏查該山區和其東緬甸、中國雲南、四川各山區。我最近閱讀Kingson Ward和Joseph Rock生動的紀行文章，覺得上述地區的自然和人文容易親近。

那裡有高逾一萬數千尺的山連綿，不但有豐富的生物，而且有多采多姿的蕃人生活點綴於期間。從熱帶低地通過濕潤的原生林，爬到廣大的針葉樹林帶，繼續爬升到光是石楠就有幾十種、種類冠於世界的灌木帶，然後進入草原帶，縱覽各種高山植物盛開嬌豔花朵的迷人世界，其上有冰河高懸於岩雪峰下，映照出崇高的白銀光芒。

每當我登上玉山或其他臺灣高山，仔細觀察臺灣高山特異的地質構造和地形，觀察森林帶的垂直配置、石楠及其他高山野花、鳥類和蝶類，都不免想起喜馬拉雅山系的地質、地形及生物相，覺得彼此有共同的性質及種屬，並非偶然。看到臺灣林鳥的飛翔和蝴蝶閃亮的羽色，都喚起我對喜馬拉雅山系的幻想。

廣義地說，喜馬拉雅山的褶皺特性也支配著臺灣島上的高山。此外，臺灣高山頂的生物，是曾經於某一個地質年代從喜馬拉雅山區及中國西南地區移入的。換句話說，實質上是一個高山島的臺灣，可以說是喜馬拉雅山系的雛形。我不禁感嘆，造化之神竟然在南海之上，創造一個喜馬拉雅山系的縮影。

聊齋誌異選・勞山道士[a]

撰文／蒲松齡

邑有王生[1]，行七[2]，故家子[3]。少慕道[4]，聞勞山多仙人，負笈[5]往遊。登一頂，有觀宇[6]，甚幽。一道士坐蒲團[7]上，素髮垂領[8]，而神觀爽邁[9]。叩[10]而與語，理甚玄妙。請師之。道士曰：「恐嬌惰不能作苦[11]。」答言：「能之！」其門人甚眾，薄暮畢集，王俱與稽首[12]，遂留觀中。[b]

凌晨，道士呼王去，授以斧，使隨眾採樵。王謹受教。過月餘，手足重繭[13]，不堪其苦，陰[14]有歸志。[c]

一夕歸，見二人與師共酌。日已暮，尚無燈燭。師乃剪紙如鏡，黏壁間，俄頃[15]，月明輝[16]室，光鑑毫芒[17]。諸門人環聽奔走[18]。一客曰：「良宵勝樂[19]，不可不同[20]。」乃於案上取壺酒，分賚[21]諸徒，且囑盡醉。王自思：「七八人，壺酒何能遍給[22]？」遂各覓盎盂[23]，競飲先釂[24]，惟恐樽[25]盡。而往復挹注[26]，竟不少減[27]。心奇之。俄，一客曰：「蒙賜月明之照，乃爾寂飲[28]，何不呼嫦娥來？」乃以箸[29]擲月中。見一美人，自光中出，初不盈尺[30]，至地，遂與人等[31]。纖腰秀項[32]，翩翩作霓裳舞[33]。已而歌曰：「仙仙乎！而還乎！而幽我於廣寒乎[34]！」其聲清越，烈如簫管[35]。歌畢，盤旋而起，躍登几上。

a 本文在流傳過程中，出現過「勞山道士」和「王生學道」兩種標題。請你在閱讀全文以後想一想，你覺得哪一種標題比較好？為什麼？

b 讀完第一段，你預測這個故事接下來的情節可能會有怎樣的發展？為什麼？

c 你覺得道士安排王生採樵的用意可能是什麼？全文中，王生採樵的表現如何、這顯現出他有什麼樣的性格？全文中，還有哪些情節顯現出王生的性格？

驚顧之間，已復為箸。三人大笑。又一客曰：「今宵最樂，然不勝酒力矣。其餞[36]我於月宮，可乎？」三人移席，漸入月中。眾視三人坐月中飲，鬚眉畢見，如影之在鏡中。移時[37]，月漸暗。門人然[38]燭來，則道士獨坐，而客杳[39]矣。几上肴核尚存；壁上月，紙圓如鏡而已。[d]道士問眾：「飲足乎？」曰：「足矣。」「足，宜早寢，勿悞樵蘇[40]。」眾諾而退。王竊忻慕[41]，歸念遂息。

又一月，苦不可忍，而道士並不傳教一術。心不能待，辭曰：「弟子數百里受業仙師，縱不能得長生術，或[42]小有傳習，亦可慰求教之心。今閱[43]兩三月，不過早樵而暮歸，弟子在家，未諳[44]此苦。」道士笑曰：「我固謂不能作苦，今果然。明早當遣汝行。」王曰：「弟子操作多日，師略授小技，此來為不負也[45]。」道士問：「何術之求？」王曰：「每見師行處，牆壁所不能隔，但得此法足矣。」道士笑而允之，[e]乃傳以訣，令自咒[46]，畢，呼曰：「入之！」王面牆，不敢入。又曰：「試入之。」王果從容入，及牆而阻。道士曰：「俛首[47]驟入，勿逡巡[48]！」王果去[49]牆數步，奔而入。及牆，虛若無物，回視，果在牆外矣。大喜，入謝。道士曰：「歸宜潔持[50]，否則不驗。」遂助資斧[51]遺之歸。

d

你覺得本段對法術表演的描述寫得好不好？為什麼？如果你能施展一種法術，這是不是你想施展的法術種類？為什麼？你覺得作者設計本段的法術表演，背後可能有何用意？

e

本段中，道士兩次的「笑」可能是為何而笑？這顯現出道士怎樣的性格？全文中，還有哪些情節顯現出道士的性格？

抵家，自詡[52]遇仙，堅壁所不能阻。妻不信。王傚[53]其作為，去牆數尺，奔而入，頭觸硬壁，驀然而踣[54]。妻扶視之，額上墳起如巨卵焉。妻揶揄之，王慚忿，罵老道士之無良而已[57]。[f]

異史氏[58]曰：「聞此事，未有不大笑者；而不知世之為王生者，正復不少。今有傖父[59]，喜疢毒而畏藥石[60]，遂有吮癰舐痔[61]者，進宣威逞暴之術[62]，以迎其旨[63]，詒[64]之曰：『執此術也以往，可以橫行而無礙。』初試，未嘗不少效，遂謂天下之大，舉[65]可以如是行矣，勢不至觸硬壁而顛蹶[66]，不止也。」[g][h]

f 讀完前五段，你認為這則故事可能想要告訴讀者的寓意為何？為什麼？你喜歡這個故事嗎？為什麼？

g 異史氏從這則故事詮釋出什麼寓意？異史氏將「王生」、「道士」、「法術」、「表演失靈的情節」等故事元素詮釋成現實中的什麼？請查找《聊齋誌異》的創作者與創作背景，推論作者為何運用「異史氏」筆法？為何寫這個故事、且作出這種詮釋？

h 〈勞山道士〉包含「某個人物、修練情節、所含寓意、特殊手法」四種故事元素，這些故事元素也出現在電影《星際大戰》、動漫《排球少年》等知名故事中。請你選擇一個你喜歡的、包含這四種元素的作品，分析它的人物特色、情節特色、寓意為何、手法特色，並說明你為何喜歡這個故事？

注釋

1 邑：本邑、本縣，指蒲松齡故鄉淄川縣。

2 行：排行。音「ㄏㄤˊ」。

3 故家子：世家大族的子弟。

4 慕道：嚮往道術。「道」在此指道教的神仙法術。

5 負笈：原意為背著書箱出外求學，此指出門訪道。「笈」音「ㄐㄧˊ」，書箱。

6 觀宇：道教的廟宇。「觀」音「ㄍㄨㄢˋ」。

7 蒲團：用蒲葉編織成的圓墊，為僧人或道士盤坐、跪拜時所用。「蒲」音「ㄆㄨˊ」，草名，葉可供編織席、扇等用具。

8 素髮垂領：白髮披垂到脖子上。「素」即白色。「領」即脖子。

9 神觀爽邁：神氣容貌爽朗超逸。「觀」音「ㄍㄨㄢ」，容貌儀態。

10 叩：叩頭拜見。

11 嬌惰不能作苦：嬌弱懶散不能夠勞動吃苦。

12 俱與稽首：全都向他們行禮致敬。「與」即向、對。「稽首」為一種俯首至地的最敬禮，此指行禮致敬。「稽」音「ㄑㄧˇ」。

13 重繭：手足因長久勞動而生成的一層層硬皮。「重」音「ㄔㄨㄥˊ」。

14 陰：暗中。

15 俄頃：不久、一會兒。下文「俄」亦同。

16 輝：照耀，動詞。

17 光鑑毫芒：月光明亮得連細微之物都能照見。「鑑」即照。「毫」為獸類之細毛；「芒」為細長物之尖端。毫、芒，皆用以比喻細微之物。

18 環聽奔走：圍繞在旁聽候吩咐，並跑來跑去侍候著。「聽」即聽候、聽命。

19 勝樂：美好的樂事。「勝」音「ㄕㄥˋ」。

20 不可不同：不可不讓大家共同享受。

21 賚：賞賜。音「ㄌㄞˋ」。

22 遍給：供給所有的人。音「ㄅㄧㄢˋ ㄐㄧˇ」。

23 盎盂：此指酒杯。音「ㄤˋ ㄩˊ」。「盎」腹大口小、「盂」口大底小，皆為盛湯水的容器。

24 先釂：爭先乾杯。「釂」音「ㄐㄧㄠˋ」，把酒喝盡，即乾杯。

25 樽：盛酒器。音「ㄗㄨㄣ」。

26 往復挹注：來往不停地取酒倒酒。「挹注」即斟酒。「挹」即「取」，音「ㄧˋ」。

27 少：稍。

28 乃爾：竟然如此。

29 箸：筷子。音「ㄓㄨˋ」。

30 初不盈尺：起初還不到一尺高。「盈」即「滿」。

31 等：在此指身長相同。

32 秀項：秀麗的脖子。

33 霓裳舞：即「霓裳羽衣舞」的簡稱，唐玄宗時宮廷盛行的一種樂舞，其舞、樂和服飾都著力描繪虛無縹緲的仙境和仙女形象。「霓」指虹的外圈，音「ㄋㄧˊ」。

34 仙仙乎三句：我翩翩的起舞啊！是返回人間呢？還是仍然被幽禁在廣寒宮呢？「仙仙」指輕盈起舞的樣子。「還」指返回。「幽」指拘禁。「廣寒」即廣寒宮，月中仙宮名。

35 其聲清越烈如簫管：歌聲清澈遠揚，美如管樂之音。「烈」本義為「火猛」，此作「美」解。「簫管」為管樂器的統稱。

36 餞：以酒食送行。

37 移時：不久。

38 然：「燃」的本字，燃燒。

39 杳：見不到踪影，音「ㄧㄠˇ」。

40 勿悞樵蘇：不要耽誤了砍柴割草。「悞」同「誤」，擔誤。「樵」即「薪」，「蘇」即「草」，兩字均作動詞用。

41 竊忻慕　暗中欣喜羨慕。「竊」指「暗中」。「忻」通「欣」。

42 或：如果。

43 閱：經歷、經過。

44 諳：經歷、承受。音「ㄢ」。

45 此來為不負：不違背來此求道的用心。

46 咒：僧侶、道士施用法術的口訣。此指念咒，作動詞用。

47 俛首：低頭。「俛」通「俯」，音「ㄈㄨˇ」。

48 逡巡：欲進不進，遲疑不決的樣子。「逡」音「ㄑㄩㄣ」。
49 去：離。
50 潔持：以純潔乾淨的心來保持它。
51 資斧：財貨器用，此指旅費、盤纏。
52 自詡：自誇。「詡」指矜誇，音「ㄒㄩˇ」。
53 傚：同「效」。音「ㄒㄧㄠˋ」。
54 驀然而踣：猛然跌倒。「驀」音「ㄇㄛˋ」。「踣」指跌倒，音「ㄅㄛˊ」。
55 墳起：凸起、高起。
56 揶揄：嘲弄、譏笑。音「ㄧㄝ ㄩˊ」。
57 無良：不善、缺德。
58 異史氏：蒲松齡的自稱。蒲松齡取法《史記》「太史公曰」，每於篇末發表議論，但其本身並非史家，故自稱「異史氏」。
59 傖父：鄙賤的人。音「ㄘㄤ ㄈㄨˇ」。
60 喜疢毒而畏藥石：在此比喻喜歡阿諛奉承，而害怕忠告指責。疢毒，疾病的毒害，在此比喻阿諛奉承。「疢」即疾病，音「ㄔㄣˋ」。「藥石」即藥劑和砭石，在此比喻規戒、指責。
61 吮癰舐痔：吸膿瘡，舔痔瘡。在此比喻以卑鄙無恥的行為討好他人。「吮」指用嘴吸取，音「ㄕㄨㄣˇ」。「癰」即膿瘡，音「ㄩㄥ」。「舐」即舔，音「ㄕˋ」。
62 進宣威逞暴之術：提供宣揚威勢，肆行暴虐的手段。
63 以迎其旨：用來迎合他的心意。
64 紿：欺騙。音「ㄉㄞˋ」。
65 舉：全、皆。
66 顛蹶：跌倒。「蹶」音「ㄐㄩㄝˊ」。

問題與討論

1. 溫習第一小節與第二小節的選讀文本，你有沒有發現莊子與老子在闡述道理的時候，經常是透過具體的情境、互動或者日常生活中的事物，從中傳遞出他們的思想主張？請將你的發現用圖像搭配文字說明的方式，記錄在下面的空格中。

2. 上完這個單元之後，請思索對你而言「自由」與「幸福」是什麼？並且仿照前述的思維表述方式，結合形象的描述，界定你認為的自由與幸福，並且寫出透過什麼樣的行動可以讓你靠近一己想像的自由與幸福。

	形象描述	行動方案
自由就像		
幸福就像		

3. 本單元提到東西方對於經驗在看法上有著根本性的差異。事實上，即便以縝密數據與研究為基礎的科學方法，也未必能完整解釋世界上的種種現象。譬如科學家在觀測電子時，發現一個電子竟然能「同時」穿越兩道縫隙，在觀測布幕上形成類似水波的圖形。這個發現違背了人們的常識，科學家們也嘗試提出種種說法，試圖解釋這一切。如著名的量子力學中提到的多重宇宙觀，也因此而生。試想一下，認為人們不該被事物表象誤導的科學研究，其所依據的判斷基準，是否也是一種表象呢？人們又是否能持續透過理性，掌握世間所有真理呢？科學存在的意義，包含解釋世界的一切現象嗎？

4、從本單元第三小節介紹了佛家關於「無相」（不住相）的說法，你已經可以理解一種融入生活、從當下追尋真理與幸福的思考方式。我們現代人喜歡談「做自己」，但具體的實踐方法仍然有很多可能，可能指追尋自己的夢想、肯定自己的優點、順從自己的直覺等。你認為「無相」能否肯定人們「做自己」？與你所理解的「做自己」有什麼不同？

什麼時候、置身什麼場域才能達到的境界。

從《金剛經》的佛法看，所謂的解脫並不是設想有一個完全脫離俗世的西方極樂世界，當然更不是要你去切斷這俗世的一切去求清淨。恰好相反，經文中所要表達的解脫，必須放棄切斷世間各種情境的念頭，才有真正幸福的可能。

佛要人走進世界、走入行動；唯有完全的融入，才有純粹的行動，而唯有純粹的行動，方得完全的解脫。

結語

自由或幸福，可以是我們所追求的終極目標，也可能只是一個暫時的依歸。我們所編撰的六單元文化基本教材，在此告一個段落，這當然可以是一個旅程的終點，但我們更希望這些關於文化、經典與社會的思辨、探問，能成為各位人生路上的中繼站，為各位提供豐富的思索可能，開啟新的視野、理解與價值。

無論是古代或當代的思潮，西方抑或東方的經典，都可以是珍貴的思想寶藏，但如果我們只能以單一而僵化的方式來看待，卻又可能成為某種無謂的教條或框架。本單元自東方與西方的比較切入，純粹只是為了提供一個思考的基礎，讓我們能從更多元的角度反思現今的生活，用更細膩的方式，重新理解我們所在的世界。

理性的思考固然提供了許多便利性，數據與種種科學指標，更是當今我們理解世界的重要基礎。然而，人們的生活也始終保有一些古老的習慣，或者說，某些原始的動能，依舊左右著這個世界的運作。透過本單元提供的思想資源，也許我們可以重新觀看人類與天地萬物的對應關係為何，再次定位我們與宇宙的互動模式，找到更理想的相處之道，抑或更值得投注心力的方向。

當然，所謂自由和幸福，最後的詮釋權與決定權，依舊保留在各位手上。希望各位都能在人生路上持續反思一切的意義與價值，透過生活中的反思與實踐，找到最適合自己的生命道路，以更加理想的姿態踏上未來的旅途。

被理解，甚至被評價。但是，佛陀提出了一種沒有相應概念的行動，這又是一種什麼樣的想法？為什麼佛要堅持這樣的行動原則？若不堅持這樣的原則又會如何？

莫非佛想說的是，當人在有相應概念的執著下去進行某個行動時，概念的執著可能妨害行動？

佛陀一開始提出的「無相布施」，從原則來看，是一種「給」，通常意味著我將「我所有的」施予他人。說到「給」，什麼時候我們的給予會強調「我給了你原先沒有而原屬我所有的東西」？答案是：當我給的不夠甘願、不夠乾脆的時候，或者當我的給予不純粹只是給予，而是另有所圖、另求回報時。佛認為，正是這些多餘的思慮，破壞了給的純粹性。佛並沒有否定行動的意思，佛既沒有要求我們停止布施，也沒有要求菩薩停止救度，佛所要求的只是停止那些對於行動而言多餘的思慮。由此觀之，佛家講的「無相」，並非一種主張不作為的出世思想，他們思考的是行動最純粹的條件。

由此也就可解答本段文獻中最關鍵的問題了：應該如何安頓容易迷亂的凡心？這個問題的無非是問：人生的自由與幸福該如何獲得？佛的想法是，當你想著要制服你的心，當你想著要把心安置在一個固定的地方，稱之為「幸福」時，往往恰巧適得其反。心無所不動，抽離當下的情境而空談「安心」，只不過把握了一個抽象的、虛妄的概念；相反地，只要心專注於當下的情境與行動，又何必強求定心？

回到生活來看，我們未必想要追求菩薩布施的德行，社會中大多數的人，也並不過著比丘的生活。然而，每個人都有自己的職業、屬於某一個群體、有著各種不同的身分與認同。我們每一個人都在這種種的人際關係與社會情境中，追求一個更好、更圓滿的「自己」。我們預設了「自己」有一個本質，而更好的、最美好最快樂的自己，同樣有一個可界定的樣子，然後我們苦苦追尋這個「自己」，在世間浮沈絆跌。

如果「自己」從來不是一個固定的概念，而是顯現在每一個情境之中呢？專注的投入當下的情境，舒適且積極的融入你該去行動實踐的場域，直至「忘我」，那種自在的狀態，便是真正的「做自己」，便是真正的自由與幸福。身為學生的你，現在的生活充滿著各種課本與試卷，你或許會認為，在這個階段沒有任何自由可言。但是，一旦進入社會，你又將不由自主的在肩上扛著許多責任與壓力，那時的你，真的會更加「自由」嗎？

從「無相」的角度來看，真正的「解脫」、真正的「自由」，從來不是要到了說的：「如果菩薩仍有人我的分別，菩薩就不是菩薩。」為此，佛陀解說了「無相布施」的道理，又接著連續問了須菩提菩薩東、南、西、北四方的虛空，是否能用心思度量？須菩提菩薩接連回答了不行。佛陀之所以提出這些問題，是因為菩薩的「無相布施」跟「四方虛空」的本質都是「無相」，無法用有限的概念與想法界定，這些屬於佛教思想的普遍常識，是佛陀用來調整須菩提菩薩提問前提的橋樑。佛陀想跟須菩提說的是：

「須菩提！你原先問我如何安住一顆心？如何制服一顆心？我現在說，一切菩薩應如此安住一顆心， 應如此制服一顆心，那就是菩薩於一切行動，於一切實踐，必須不著於相。這是解脫的關鍵。」也就是說，佛對須菩提菩薩一開始的問題之解答是：「菩薩不著不定於一切法，方為無上正覺。」順著「無相」的思路，佛陀又進一步追問更根本的問題。在這一波問答中，我們得到了最關鍵的說法：佛法不可以眼親見，因為佛法沒有形象，事實上，凡世間所有的相，都是虛妄的。唯有理解諸相虛妄，方可理解真正的佛法。

「無相」（不住相）這個說法很值得我們留意。一般來說，我們採取一個行動，是為了達成一個目的，這個目的無論是什麼，它都能被某個概念界定，所以它可以

BOX9 諸法皆空：或作「萬法皆空」，指世間現象，都在變化，沒有本質。大乘佛教中有「緣起性空」的哲學觀點，認為人所見的世間萬物都是由因緣和合而成，所有生住異滅、離散聚合的現象（法），都是在特定條件下產生與作用，裡頭沒有不變的本質。由此，如果要用概念來說的話，「空」是不確定、無本質、非永恆的，然而這個「空」不是什麼都沒有，它就在現象當中，唯有從現象中才能認識到「空」。

下之意是說，一般人做功德是希望福報迴向自己，但這樣的功德都只能獲得有限的福報；要獲得真正無限的福報，就要把「布施」這樣的概念以及所有的執著、分別心都去除掉，這也就是不住相佈施，或者是無相布施。

76 虛空：字面的意思是廣大無邊際。若從佛教的觀點，「虛空」不是物理世界的空間概念，而是強調這個世界沒有本質，隨時變化，這樣的觀念打破任何經驗性與形式性的思考。

77 南西北方四維上下：佛教的空間觀分成東、南、西、北、東南、西南、東北、西北、上、下，合稱「十方」。十方也就是一個整體的無限世界。

78 但應如所教住：只應該如所說的這一切來教導眾生，持守這樣的無上正等正覺。

章旨詮釋

《金剛經》全文開頭是一個這樣的場景。佛在舍衛國孤獨園與一千五百位比丘托缽化緣後，洗足，就座，準備開講佛法。須菩提菩薩是釋迦牟尼的十大弟子之一，他是以解說「諸法皆空」(BOX9) 著名的菩薩，因此《金剛經》安排須菩提菩薩唱主角，用意非常明顯，這部經文要闡釋的就是「空」的概念。

在這對師徒的問答中，須菩提菩薩對佛提出的問題是：修行者如何證得「無上正覺（阿耨多羅三藐三菩提心）」？文中的「阿耨多羅三藐三菩提心」是依據梵語直接音譯，漢譯則為「無上正覺」，是佛法解脫智慧的最高境界。在這裡，須菩提菩薩一開始的發問就是針對這個問題，不過，須菩提菩薩一開始是用一種相當質樸的語氣來問佛陀。他的發問方式是這樣的：須菩提菩薩問佛：「佛啊！都說世間凡心容易迷亂，那麼這顆容易迷亂的凡心該安在什麼地方？該如何制服？」這也就是經文裡問的「云何應住？云何降伏其心？」

佛的第一個回答是：他將滅度一切眾生，但他滅度了一切眾生，卻沒有任何眾生因佛陀而滅度。為什麼如此？佛說：因為菩薩如果有人我的分別，菩薩就不是菩薩。佛回答了嗎？至少，佛的第一個回答看起來像是問東答西，但也引出了更深的問題。有時候，把問題接起來再重新發問，是為了調整提問的前提，試圖找到一種新的思考方式。在這個新的思考中，我們也能發現原本提問的限制，並一舉突破盲點，找到問題的答案。

所以，解題關鍵就在於如何理解佛所

質，，因此這裡是說，倘若執著在自我（我相）、他人（人相）、普遍存在的萬物或者空間狀態（眾生相）、或者時間（壽者相）等等分別「相」，就不會成為真正能夠自度度人的菩薩了。

71 法：佛教術語，世間所有事物、現象甚至是精神、思想、概念等均稱為「法」。佛陀的開示，指出人類的理想與目標，也稱法。

72 無所住：無有執著。在佛教的觀點，意謂已能夠領略般若的空性智慧，覺悟一切都是因緣和合而生。

73 布施：以慈悲心廣泛施利與他人。

74 不住色布施、不住聲香味觸法布施：不執著於形色、聲音、香氣、氣味、觸覺的布施。色、聲、香、味、觸、法，為佛教所說的六塵，指諸多感官所能把捉到的種種世俗存在，會使人生出煩惱妄念。此處所謂不住色聲香味觸法之布施，意指不執著於世間一切可能的形象與概念之布施。

75 若菩薩不住相布施，其福德不可思量：如果菩薩的布施沒有任何預設的概念與分別心，他所承受的福報就是無限的。這句話的言

58 應云何住：應該如何安放（凡心）在正確的地方。云何，如何。

59 降伏其心：降伏心中的凡心、妄念。

60 善哉：好極了。

61 唯然：是的，應諾之詞，這裡表示恭敬遵從。

62 願樂欲聞：意謂非常高興聆聽教導。

63 菩薩：梵語音譯。完整的稱呼是「菩提薩埵」，「菩薩」是省稱。在梵語的意思，「菩提」是覺，「薩埵」是有情，「菩薩」，便是覺有情。「有情」是指有知覺的生命，因此菩薩指的是這樣這樣的佛法修行者：同情一切眾生之苦，進而希望解救一切眾生之苦。簡單來說，菩薩就是信佛學佛之後發願自度度人的人。

64 摩訶薩：佛教術語，大菩薩，或者說菩薩中的大覺者。

65 卵生、胎生、濕生、化生：這是說卵生、胎生、濕生、化生等四類有情眾生。濕生，由水中或濕地出生的生物，如一些魚、蝦等。化生，由幼蟲蛻變成長的生物，如：蚊蠅、蝴蝶等

66 有色、無色：有色，指有形質者，如人或器物；無色，指無形質者，如鬼神。

67 有想、無想、非有想非無想：「有想」指具有感覺、認識、意志、思考等意識作用者；「無想」則與之相對，比如說樹木、石頭等。非有想非無想，指不屬於上述兩種情形者。

68 無餘涅槃：涅槃，佛教術語，是佛家修行的最高境界，意指斷一切煩惱的大解脫。佛教思想中，有「無餘涅槃」與「有餘涅槃」，境界有別。有餘指仍有所剩，一時斷了一切煩惱，往後因緣升起，煩惱仍可能再生。無餘，指沒有剩下，斷一切煩惱，且永不升起執著。

69 滅度：謂命終證果，消除一切煩惱苦厄。「滅」是指幫他消除煩惱，「度」是指幫他進入沒有煩惱苦難的世界。

70 我相、人相、眾生相、壽者相：相，泛指具備任何表現出來的特質，進而被觀察、分辨、描述的對象，這些對象都有對應的概念，容易種種的分別心，因此也有人將「相」理解為概念 。佛教的觀點認為萬物皆沒有實體、沒有本

不參與生產，故以乞食方式維繫基本生存需求。

49 次第乞已：依照次序地挨家挨戶乞食完畢。

50 敷座：鋪好座具。

51 須菩提：佛陀弟子，《金剛經》相傳即是須菩提與佛的對談記錄。

52 偏袒右肩：批著僧衣時露出右肩，這是印度古禮，表示恭敬請法。

53 希有：指稀少的、難逢的，此為對佛陀之敬稱。

54 如來：佛陀的十大稱號之一。梵語作 Tathāgata， tatha 意思是「如」，意思為如同或不變，agata 意思是「來」，「如來」字面意思即「如同來了」或「不來不去」之義。

55 善護念諸菩薩善付囑諸菩薩：這兩句是讚美佛陀擅於照顧剛發心的菩薩，也善於叮囑已經略有修行的菩薩。

56 善男子、善女人：泛指有善心而想要追求覺悟智慧的一般人。

57 阿耨多羅三藐三菩提：梵語音譯，意思為無上正等正覺。指佛陀所覺悟之無上智慧，有平等、圓滿之意。

前兩個段落，你可以找到哪些外來音譯詞呢？

提問 m：請從這個段落中找出例子，說明文本中所使用的詞語意義，與你平常對那個詞語的認識，兩者之間有什麼不同之處。透過這樣的細讀與比對，你學到什麼？

佛言：「善哉[60]，善哉。須菩提！如汝所說：如來善護念諸菩薩，善付囑諸菩薩，汝今諦聽！當爲汝說：善男子、善女人，發阿耨多羅三藐三菩提心，應如是住，如是降伏其心。」

「唯然[61]。世尊！願樂欲聞[62]。」

佛告須菩提：「諸菩薩[63]摩訶薩[64]應如是降伏其心！所有一切眾生之類：若卵生、若胎生、若濕生、若化生[65]；若有色、若無色[66]；若有想、若無想、若非有想非無想[67]，我皆令入無餘涅槃[68]而滅度[69]之。如是滅度無量無數無邊眾生，實無眾生得滅度者。何以故？須菩提！若菩薩有我相、人相、眾生相、壽者相[70]，即非菩薩。

「復次，須菩提！菩薩於法[71]，應無所住[72]，行於布施[73]，所謂不住色布施，不住聲香味觸法布施[74]。須菩提！菩薩應如是布施，不住於相。何以故？若菩薩不住相布施，其福德不可思量。75(提問 m)

「須菩提！於意云何？東方虛空[76]可思量不？」「不也，世尊！」「須菩提！南西北方四維上下[77]虛空可思量不？」「不也，世尊！」「須菩提！菩薩無住相布施，福德亦復如是不可思量。須菩提！菩薩但應如所教住[78]。36（《金剛經》第一至第四章）

注釋

43 如是我聞：佛經中常見的開頭，又可譯作「我聞如是」，意味「我」是這樣聽（佛）說的。此處的「我」指的是阿難，是佛祖的弟子。此處意味這本《金剛經》是阿難親自聽佛所說紀錄而成的。

44 舍衛國：這裡是指古印度拘薩羅國的首都舍衛城，位在今天的印度北部。

45 祇樹給孤獨園：釋迦牟尼佛當年傳法的重要場所，也是佛陀在世時規模最大的精舍。這座園林原本屬於舍衛國的祇陀太子，後來賣給一位樂善好施的「給孤獨長者」，給孤獨在裡頭興建祇園精舍，供養佛陀前來說法。

46 比丘：佛教術語，指稱佛教的男性出家眾；相對於此，女性的出家眾稱為比丘尼。文章中稱大比丘是特別強調學養、覺性有大成就的出家眾。

47 食時：吃飯的時間。

48 乞食：古印度修行者主要修行方式之一，因修行者需專注於修行，薩之間的一段對話，他們探討了「什麼是無上智慧」，就對此提出了反省。

《金剛經》所提出的是抵達彼岸、解脫煩惱的智慧；換句話說，就是追求幸福的智慧。但有趣的是，經文卻是主張：最高深的解脫，是連渴望「抵達彼岸」的念頭本身同時解消，且為了真正斷開人生的一切煩惱，人們必須捨棄「斷開煩惱」的念頭。在《金剛經》中，這種別有趣味的人生觀與幸福觀，就是我們想介紹給各位的。

文本選讀

6-3-1

如是我聞 43。一時，佛在舍衛國 44 祇樹給孤獨園 45，與大比丘 46 眾千二百五十人俱。爾時，世尊食時 47，著衣持缽，入舍衛大城乞食 48。於其城中，次第乞已 49，還至本處。飯食訖，收衣缽，洗足已，敷座 50 而坐。

時，長老須菩提 51 在大眾中即從座起，偏袒右肩 52，右膝著地，合掌恭敬而白佛言：「希有 53！世尊！如來 54 善護念諸菩薩，善付囑諸菩薩 55。世尊！善男子、善女人 56，發阿耨多羅三藐三菩提心 57，應云何住 58？云何降伏其心 59？」（提問 1）

BOX7 實踐智慧：實踐智慧（phronesis）與理論性的知識不同，也與操作性的技藝不同，它重視的是透過實際行動，在生活情境中追求幸福的人生。

BOX8《金剛經》：全名《金剛般若波羅蜜經》，又譯《佛說能斷金剛般若波羅蜜多經》。「般若」一詞是梵語「智慧」的意思，而「波羅蜜」是抵達彼岸的意思。因此，依照經書的名稱，《金剛經》這部佛經探討的是「如何從現實的束縛解脫出來，而到達彼岸的智慧」。「金剛」是金剛石，也就是今日所謂的鑽石，是硬度最高的礦石。這部經以金剛為喻，表達它所傳達的解脫思想，是最能切割煩惱執著的上乘佛法，因此《金剛經》又譯作《佛說能斷金剛般若波羅蜜多經》。

提問 1：佛經翻譯成漢語，許多只是透過「音譯」的形式，找到發音相近的詞語，造出新詞，來表示原文中的特殊概念。從文章的對對立的事物，比方說有與無、虛與實、善與惡、強與弱、難與易、長與短、高與下、前與後等等區分，也同樣處在道的微妙流轉中，於流轉中，看似絕對的區分，彼此之間也可能處在相反、相成、甚至在動態的變化中相互轉化，這就是「道」的原理。

基於上述對於事理的觀察，《老子》延伸出一種特殊的實踐智慧(BOX7)。《老子》認為，能巧妙運用「道的原理」處事的人，由於能順著人事物最自然的變化去行動，因此他的行動全無刻意人為的斧鑿之跡。《老子》不但要求行動之人必須盡力的去掉不必要的、干預事物自然發展的多餘行動，更進一步的，希望行動者能夠在做事心態上去掉任何主觀的成心，盡力讓自己的行動彷彿是一個通道，是道運行時的媒介。《老子》在這層意義上談行動的境界，在這種境界中，人如同天那般化育萬物、成就萬物，而自己完全不自恃其能、不自居其功。

從上述三則文獻中，你可以發現，老子並沒有直接教導人們該做些什麼，而是從行動回推到思維方式，從更根本的地方提出一種生命哲學。

一般而言，我們採取行動時，往往會預設好與壞的標準，我們希望做出好的行動，並避免壞的行動發生。然而，老子思考的問題是：如果我們判斷好壞的方式，本身就有盲點呢？這樣一來，無論我們做什麼、怎麼做，都不會是最好的行動。從這個角度來說，老子的思想既是一種真理觀，同時也是關乎思考與行動方式的生命哲學。

第三節：捨離煩惱，追尋幸福與智慧

從前面兩節中，我們看到了東方思想的真理觀具有反對精確概念、二元對立邏輯的特性。莊子強調扎根於生活的智慧，具有活潑的生命力，老子思想的精采之處，則是展示了人的思維方式與行動息息相關 ，而真理的生命力就具體展現在其中。從這個角度來說，莊子與老子的思想，最終的目的在於提出一種生命哲學，他們開拓了自由與幸福的道路，交由人們去領略。

某種程度上，追求自由與幸福的人生，是每個人心中最大的渴望。自古以來的許多人們，發現了生活的不盡人意，生命中的悲歡離合令他們莫可奈何。因著這樣的認知，也因為對幸福的渴望，他們不斷走上追尋的旅程。然而，也有人認為這樣的念頭反而找不到幸福，例如以下所節錄的《金剛經》(BOX8)，是佛陀與須菩提菩而巧妙的推動運轉萬事萬物。

文本選讀

6-2-3

天下皆知美之爲美，斯惡 40 已；皆知善之爲善，斯不善已。故有無相生，難易相成，長短相形 41，高下相傾，音聲相和，前後相隨。是以聖人處無爲之事，行不言之教；萬物作 42 焉而不辭，生而不有，爲而不恃，功成而弗居。夫唯弗居，是以不去。（提問 k）

（《老子》第二章）

注釋

40 惡：醜。

41 相形：這裡是指相互彰顯。

42 作：生。

章旨詮釋

從前面兩則的《老子》選文中，你會發現道家智慧觀察到生命世界中的一切，都處在微妙的流轉之中；於流轉之中，兩兩相對的位置並不是絕對的，而是彼此的位置隨時都可能翻轉，恆處於變化流轉的循環中。這是一種特殊的生命視野，這恆處於變化之中的運轉原理，道家稱之為「道」。

從這個道理來說，一般我們所以為絕

提問 j：這則選文裡頭的三句話，中間有怎樣的邏輯關係？請加以分析說明。

提問 k：玩味這則選文的語句形式與聲音節奏，說說看你的發現。

分，是事物的效能與利害之所在，然而事物的虛靈之處，則是事物得以運作起來的核心關鍵。故說：「有之以為利，無之以為用。」

文本選讀

6-2-2

天下之至柔，馳騁[38]天下之至堅。無有入無間，吾是以知無爲之有益。不言之教，無爲之益，天下希及[39]之。(提問 j)（《老子》第四十三章）

注釋

38 馳騁：本義是馬匹奔跑的樣子，這裡用來形容水在石間穿行無礙的樣子。

39 及：趕上、比得上。

章旨詮釋

在這一章中，《老子》以水為喻，引申出種種人生境界哲理。

水，是天下至柔，卻能夠滲透天下至堅之物，例如人說「滴水穿石」。以水為喻，水柔弱、無定形，眼見虛柔無有，卻能滲透、穿透如石一般的堅實之物，《老子》因此提醒我們留意，平時那些看似虛柔無有的存在，往往有著我們平時沒特別留意的效能，只是那種效能不以尖銳的方式、顯眼的方式向我們展現它的存在。

在《老子》所延伸的生命哲學中，則進一步設想「不言之教」的可能性。關於「不言之教」，我們可以想像成一種教化、轉化生命的方式，這種方式和我們一般的教育方式不同，它是以靜默的方式慢慢感染、薰陶人。我們可以進一步設想，比方說，文化情境是構成人們行動、思考、學習的環境條件，相當於背景的作用，可是別低估背景的作用，因為相較於制式的言教，有所為的行動、靜默的環境背景，往往起著更關鍵、更深層的作用。

最後，《老子》循著上述的哲理，設想一種「無為」的行動哲學。表面上看來，「無為」似乎是和「行動」衝突的概念，因為我們一般設想「行動」時，總是設想有所為的行動，因此通常認為「行動」和「無所作為」有別。

然而，《老子》所設想的「無為」，其實並非「無所作為」，而是就像「無定形」的水能那樣，由於柔軟，由於不拘於任何形狀，因此能滲入一切存在的空間中。

《老子》依此推論一種「無為，而無不為」的行動哲學，看似無所作為，但其實是追求一種不著痕跡的用力，就像至柔的水那般，在不與現有事物與規則衝突對立的情況下，順勢利導、見縫插針，虛靈

章旨詮釋

在這篇選讀中，《老子》先以三項日常生活裡的用具舉例，而後歸結出「有之以為利，無之以為用」的哲學結論。（提問 i）

首先，古代車輪的製作，取法一月有三十天，因此以三十根直木合圍共構車軸。三十根直木合圍共構一車軸，而車軸的中心卻是空虛的，並且恰恰因為車軸的中心是空虛的，因此三十根直木才能插進來，進而車輪能轉動起來，讓車子有承載之能。其次，揉合泥土來製作器皿，唯有你在捏製時留下器皿中間的空間，那麼器皿才有承納液體的功能。最後，人建築屋舍的時候，鑿門鑿窗，人才得以進出，空氣才得以流通，一個居住的空間才被我們真正打造出來。

綜觀三個例子，器物的物質性部分雖是必要的條件，然而，若是人們眼光始終只能盯著那些所謂事物的實質部分打轉，而沒有看見實質性之中那些看似空虛卻在整體中發揮核心作用的「空」與「間」，那麼事物也會失去它的效用。

《老子》因此認為，「無」看似並非實有，或者看似無用，然而「無」卻是事物運轉的核心，一旦失去了「無」的虛靈妙處，事物也會淪為空有外殼的死物。

因此，《老子》要我們留意事物始終存在兩個面向，缺一不可。事物的實質部

BOX6 相反相成：指兩個看起來像是相反的事物，實際上卻有可能是相互依賴、相互完成的。

提問 h：請綜合這篇導言的內容，嘗試摘要出「語言」、「文化」與「思想」三者之間的關係。

提問 i：除了文本所舉出的三個例子，請再從你的日常生活中，舉出其他例子說明「有之以為利，無之以為用」的意涵。

經驗一個又一個可能的明確標籤，就像是水利技術給不受拘束的水流設置渠道，藉此讓流動的水得到穩定的控制，能為我們所用。對此，《老子》提醒人們留意：語言概念雖具備穩定經驗的文化功能，卻也存在著讓我們觀察事物的方式變僵化的危險。因此，《老子》在首章便提點我們：「道可道，非常道；名可名，非常名。」這說明了「道」可以被說，但不能用制式語言來強硬捕捉。在《老子》看來，語言的使用必須靈活，必須如同「道」那樣出入於虛實、有無之間，靈活的語言使用將會帶動靈活的生命視角。

特別值得留意的是，《老子》思想與我們一般使用語言的習慣不同，尤其和現代世界主流的技術語言，有著巨大差異。我們如果忽略了這個重點，則可能會去責怪古代思想語言不夠精準、缺乏邏輯性。語言如何使用，往往取決於目的，比方宗教性的語言，便不強調功利上的效用；藝術性的語言，則無需過於受制於現實，而著重境界的提煉；戀人的情話則無需拘泥邏輯，而重視情調、氛圍。這也留下一個耐人尋味的問題：「中國思想透過特殊的語言使用方式所追求的終極價值，是否也和今日我們這個追求實用、實效的現代社會有所不同？這個追求是什麼？對現代人的意義又是什麼？」

接下來的討論，我們可能會提出部分解答，但這個問題所蘊含著的，無窮深邃的可能性，則留待不同的人，在不同的歲月歷練中斟酌體會。（提問 h）

文本選讀

6-2-1

三十輻 34，共一轂 35，當其無，有車之用。

埏埴以爲器 36，當其無，有器之用。

鑿戶牖 37 以爲室，當其無，有室之用。

故，有之以爲利，無之以爲用。（選自《老子》第十一章）

注釋

34 輻：車輪中連結中央車軸與外圍輪圈的直木。

35 轂：音ㄍㄨˇ，車輪中心的圓木。

36 埏埴以為器：揉合陶土製作器皿。

37 戶牖：門窗。戶：單邊開的門。牖，音ㄧㄡˇ，窗。

第二節：靈活的語言與特殊的生命哲學

在第一節中，我們已經留意到，東西方思想對於「經驗」一詞的理解，其實大異其趣，而經驗本身活潑、動態的意涵，是東方思想真理觀的精神。延續這個討論，本節選錄《老子》的第二、十一、四十三章，要藉由的是老子表述真理的語言，進一步觀察東方思想體驗真理的方式，並從中看出一種特殊的行動哲學。

「道」是老子思想的關鍵概念，它最原先的意涵是道路、通道，後來衍伸出的意義，重點精神則在於流通、貫通，它所要防止的是某種制式與僵化的生命認知。

道家強調「局部」與「整體」間的連通，局部因寓於整體當中方能展開，而整體也通過局部方能完整呈現。

此外，「道」在《老子》中除了意指萬事萬物運轉流變的原理之外，也意指著「言說」。依照道家的生命觀與世界觀，在道的運轉中，天地之間的一切，包含有無、虛實、黑白、善惡等，也都恆處在流轉之中，甚至恆處於相反相成(BOX6)、相互轉化的動態變化過程。因此，道家哲學運用語言的方式，也就與一般的習慣不同。

語言在文化中的功能，給了流動的

提問 g：文章認為「庖丁解牛」的關鍵字是「間」，請你說明這個觀點。請接著思考：你同意這個觀點嗎？如果同意，請你補充支持的理由；如果不同意，請你舉出你認為更合適的關鍵字，並且說明理由。

BOX5 邏輯形式：邏輯（logic）原本被視作哲學的一門分支，後來成為獨立的學科，主要在探究如何使推論與證明有效的規則，因此也被視為獲得有效知識的思考工具。這裡所說的邏輯形式，是指不同的思考傾向所展現出來的不同模式，譬如大家曉得的演繹法、歸納法就可以視作兩種不同的邏輯形式。下文所說的「二元對立邏輯」即是一種邏輯形式。二元對立邏輯將事物或者概念分成兩個對反面，比如說生 / 死、善 / 惡，然後在兩者截然二分、互不相容的預設底下進行思考或判斷。二元對立邏輯具有很簡單的形式，是一種很方便的思考、論述工具，但是也容易讓人掉進非此即彼、非黑即白的思考偏誤。

發現兩種文化擺放最高位階概念的「位置」恰恰相反。在西方，真理站在超越日常生活的位置，而在東方，站在生活之外或之上，恰恰遠離了「道」。對東方思想來說，正是那些在生活之中的市井小民，像庖丁或輪扁這樣的生活中人，他們看待世界的方式，才是貼近道的視角。之所以如此，是因為在華人文化中，道的體驗並非源自於客觀觀察後歸納出的理論。

在庖丁解牛的寓言中，庖丁追求的是「道」，但他不是獨立於技術之外去思考道是什麼，在整個故事的發展過程中，庖丁描述的都是解牛技術的實踐過程。這說明在莊子設想中，道的地位雖高於術，卻不與術對立。故事裡的庖丁並不是一個不擅刀工之人，而是從精湛的刀工走向超越刀工的境界，如此化消掉術與道的對立。

讓我們比較莊子所代表的東方思考風格與西方傳統模式的差異。莊子思考事情的方式恰好與一向割除經驗、追求本質的西方傳統思考模式有很大的區別，從邏輯形式（BOX5）來分析，莊子的思維更是與西方傳統一向慣用的二元對立邏輯相反。在東方思想的大傳統中，如果一個思考者還存在概念上的對立，那麼鐵定會被認為還未抵達「道」的境界。

在「庖丁解牛」這則寓言中，貫穿全文精神的關鍵字眼是「間」，這正是莊子思維方式的核心精神。

「間」這個觀念的重點在於：不在對立的兩邊選取任何一邊，而是從兩者之間遊刃過去。「間」是這則寓言的精隨所在，也是庖丁解釋自己刀工的精隨所在。（提問g）

依據庖丁自己的說法，牛的骨節與骨節中間有間隙，精於刀工者將他的刀滑向骨節與骨節之間，刀刃的遊動不遭遇骨頭，所以庖丁自傲於他的刀用了十九年，還是如同未經使用過那樣的新。而文惠君聽完庖丁解說後，說：「善哉！吾聞庖丁之言，得養生焉。」這正是這則寓言的寓意所在：養生的方式如同養刀，兩者游動的方式都不走向那些枝節的對立，而是要從那些表面的對立之間穿梭過去。

經由上述的分析，現在我們可以合理推知莊子所謂的道，不完全鎖死在日常經驗的層次，卻又不是完全脫離經驗之外的某個超越真理，而是游動在兩者「之間」的某種存在活動。這是莊子思想與西方傳統思想最大的區別，也是許多東方思想傳統的特點。

肉被解開時發出的聲音。謋，音ㄏㄨㄛˋ。

32 躊躇滿志：心滿意足的樣子。

33 善：同「繕」，修治，這裡引申為擦拭。

章旨詮釋

在這段文字中，我們不知道莊子心目中所謂的「道」是什麼樣的境界，我們甚至不能確定這種境界能否明確界定。對於什麼是「道」，庖丁只有那句「進乎技矣」使用了肯定語氣，但他仍然沒有明確定義任何概念，只是描述整個經驗展開的動態過程。不難發現，「庖丁解牛」和「輪扁斲輪」這兩則寓言有相似的結構，其中蘊含了兩組對立：「匠師與帝王」是第一組對立；而「術與道」則是另一組對立。

若依照一般觀點，帝王這個位置的視角理應高於技師，但在兩個故事裡，庖丁和輪扁才是講解哲理智慧的大師，至於故事中的國君，也就是桓公與文惠君，才是受教的人。這樣的安排很有意思，它指出了：道寓於日常生活、寓於百姓日用之中，這是一個相當重要的關鍵點，也是一個常見於華人文化中的思想特點。

道，是華人文化中位階最高的概念，而在西方文化，作為最高位階的概念應該是真理或上帝。將這兩個概念對比，可以

提問 e：如果這篇文章只是要描述庖丁解牛神乎其技，似乎可以在「刀刃若新發于硎」就停住。你覺得文章的後半段有什麼作用呢？

提問 f：請根據文章的內容，分析文中的「技」與「道」分別是指什麼？兩者的關係又是什麼？

肯綮 22 之未嘗 23，而況大軱 24 乎！良庖歲 25 更刀，割也；族庖 26 月更刀，折也。今臣之刀十九年矣，所解數千牛矣，而刀刃若新發於硎 27。彼節者有閒 28，而刀刃者無厚，以無厚入有閒，恢恢乎其於游刃必有餘地矣，是以十九年而刀刃若新發於硎。雖然，每至於族 29，吾見其難爲，怵然 30 爲戒，視爲止，行爲遲。動刀甚微，謋然 31 已解，如土委地。提刀而立，爲之四顧，爲之躊躇滿志 32，善 33 刀而藏之。」（提問 e）

文惠君曰：「善哉！吾聞庖丁之言，得養生焉。」（選自《莊子》〈養生主〉）（提問 f）

注釋

11 庖丁：名字叫丁的廚師。

12 踦：音一ˇ，用腳抵住。

13 砉然：形容皮與骨分開的聲音。砉，音ㄏㄨㄛˋ。

14 嚮然：同「響」，發出聲音。

15 奏刀騞然：指刀子伸進牛體，發出響亮的聲音。奏，進。騞然，聲音響亮的樣子。騞，音ㄏㄨㄛˋ。

16 中音：切合音樂的節奏。中，音ㄓㄨㄥˋ，切合。

17 桑林之舞：桑林，傳說中商湯時候的樂曲，可以配舞，所以稱桑林之舞。

18 經首之會：經首，傳說中堯時候的樂曲。會，節奏。

19 蓋：音ㄏㄜˊ，同「盍」，如何、怎麼。

20 批大郤：劈開牛體中筋骨間的空隙。批，劈開。郤，音ㄒㄧˋ，同「隙」，這裡指筋骨連接處的空隙。

21 導大窾：順著牛體中骨骼間的空穴。窾，音ㄎㄨㄢˇ，這裡指骨骼間的空穴。

22 技經肯綮：這裡指牛體間的各種結構。技經，經絡；技，同「枝」。肯，附在骨頭上的肉。綮，筋肉聚結的地方。

23 未嘗：沒碰觸到。嘗，試探，這裡是碰觸的意思。

24 大軱：大骨頭，軱，音ㄍㄨ。

25 歲：年。

26 族庖：一般的廚師。族，眾、多數。

27 硎：音ㄒㄧㄥˊ，磨刀石。

28 閒：音ㄐㄧㄢˋ，同「間」，空隙。

29 族：這裡指筋骨交錯的地方。

30 怵然：小心警戒的樣子。怵，音ㄔㄨˋ。

31 謋然：這裡是形容原本糾結的骨

的用意所在。因為記錄下來的文字、言說僅能表示特定概念，已經和聖人實踐的實際情境有異。

三、 和西方思想做對比，輪扁並不預設真理存在經驗之外，需要以另外一個抽象的理論系統去建立，甚至依循著公式與規律來求得；而認為真理就在經驗之中，必須在活生生的經驗發生時，去追隨經驗，向人們道出。

上述的三個重點，我們在另一篇更著名的莊子寓言中會再重新體認到，並且涉及更深刻的東、西思想對照。

文本選讀

6-1-2 庖丁解牛

庖丁[11]爲文惠君解牛，手之所觸，肩之所倚，足之所履，膝之所踦[12]，砉然[13]嚮然[14]，奏刀騞然[15]，莫不中音[16]。合於桑林之舞[17]，乃中經首之會[18]。

文惠君曰：「譆！善哉！技蓋[19]至此乎？」

庖丁釋刀對曰：「臣之所好者道也，進乎技矣。始臣之解牛之時，所見無非全牛者；三年之後，未嘗見全牛也；方今之時，臣以神遇而不以目視，官知止而神欲行。依乎天理，批大郤[20]，導大窾[21]，因其固然。技經

提問 c：請從這段引言中，挑出三個你覺得最關鍵的概念，試著用你自己話加以說明。

提問 d：這篇文章當中，輪扁批評桓公所讀的書是「古人之糟粕」。請你思考：如果桓公讀的書是「古人之糟粕」，那麼我們現在讀《莊子》書，是否同樣也在讀「古人之糟粕」呢？莊子有沒有自相矛盾？

子》書中經常假托歷史人物來敘說故事，內容是虛構的，不必視為歷史事實。

2 輪扁：製作車輪的工匠扁；這裡是以職業放在人名之前。輪，車輪子。扁，工匠之名。

3 斲：音ㄓㄨㄛˊ，同「斫」，砍、削。

4 釋：放下。

5 邪：音ㄧㄝˊ，用於句末，表示疑問語氣的詞語。同「耶」。

6 糟粕：音ㄗㄠ ㄆㄛˋ，本義為酒糟、米糟或豆糟等渣滓，這裡是比喻粗劣無用的東西。

7 徐則甘而不固：指操作工具的速度過慢，日後車輪容易鬆脫不牢固。甘，這裡指鬆脫、滑動。

8 疾則苦而不入：指操作工具的速度太快，則日後銜接的地方容易因為滯澀而產生龜裂。苦，這裡指滯澀難動。

9 數：道理。

10 喻：使……明白。

章旨詮釋

桓公與輪扁的對話起於故事前半段的話題，寓言中的大工匠輪扁，在他的語氣中透露對於桓公讀聖賢書的質疑。輪扁暗示了這些聖人遺留下來的文字和活生生的情境已有很大的距離，這樣的質疑卻讓桓公感到生氣。

在下一段對話中，輪扁以自己從事的工作「斲輪」（製作車輪）為例，說明他的看法。斲輪的工序是先將木材浸於水中，等木質泡軟到一定程度，再於利用火烤讓木質捲曲時，以最恰當的節奏、最適當的力道，將木質的車軸打進車輪的軸心中。據輪扁的形容，這個使力的瞬間，若速度過慢或力道過輕，會導致日後車輪容易鬆脫；若速度太快或力道過重，則日後銜接的地方容易產生龜裂。因此，在整個製作過程中，巧匠必須在輕重快慢間不急不徐的拿捏合宜的力道與速度，才能勝任這份工作。

值得思考的是，所謂拿捏得宜的判斷，並不能被精確的語言概念表述，而必須在經年累月的勞動經驗中習得。輪扁在對話中所謂的「口不能言，有數存焉於其間」、「得之於手而應於心」，指出經驗印刻於匠人的手與眼，就是這個意思。這一則寓言有幾個重點值得我們留意：

一、在輪扁心中，經驗是動態的，而他心目中聖人所傳的真理也是動態的。

二、 由於經驗和真理都是動態的，因此靜態的概念顯得笨拙，這是輪扁之所以暗示恒公只是讀死書、僅得「古人之糟粕」

代表文獻，其著重現實與感官之經驗，並主張真理應當從日常生活的活潑經驗中體現，正提醒了我們打破框架的必要性，否則人們將會和真理越離越遠，甚至讓自己變成人為概念遊戲的囚徒。（提問 c）

文本選讀

6-1-1 輪扁斲輪

桓公 1 讀書於堂上，輪扁 2 斲 3 輪於堂下，釋 4 椎、鑿而上，問桓公曰：「敢問，公之所讀者何言邪 5 ？」公曰：「聖人之言也。」曰：「聖人在乎？」公曰：「已死矣。」曰：「然則君之所讀者，古人之糟粕 6 已夫！」桓公曰：「寡人讀書，輪人安得議乎！有說則可，無說則死！」輪扁曰：「臣以臣之事觀之。斲輪，徐則甘而不固 7，疾則苦而不入 8，不徐不疾，得之於手而應於心，口不能言，有數 9 存焉於其間。臣不能以喻 10 臣之子，臣之子亦不能受之於臣，是以行年七十而老斲輪。古之人與其不可傳也死矣，然則君之所讀者，古人之糟粕已夫！」（選自《莊子》〈天道〉）（提問 d）

注釋

1　桓公：春秋時代的齊桓公。《莊

BOX3 機械論（Mechanism）：是一種解釋宇宙現象及運作原理的哲學觀點。機械論認為一切現象都可以依照機械的原理來解釋；換言之，自然就像是一部機器，其中每一個部分的單獨功能都是自動的，而且都能用運動的定律來解釋。

BOX4 超驗(超越經驗)(transcendental)：當我們思考「真理」問題的時候，有的哲學主張真理不離開「經驗」的世界，另外一邊則主張真理只存在於「超驗」(超越經驗)的世界。「經驗」的世界就是我們生活著的世界，有實際的時間與空間，可以透過各種感官去認知，並且加以描述；相對地，「超驗」的世界，預設了有個超越時空與感官限制的世界，它是經驗世界之所以可能的條件，在那裏人得以透過理性認識普遍而客觀的「真理」。

呼應「道」的千變萬化。在這種語言觀下，人為的種種概念定義，如有無、對錯、美善、強弱、虛實等等，恆處於相互對立，卻又相反相成的動態關係之中。

延續第二節的討論，在第三節裡，我們將透過《金剛經》的文字，緊接著探討佛法裡「無相」與「無我」的行動智慧。佛法試圖告訴我們，真正完美的行動往往是在「不執著於念想」與「不執著於自我」的情況下被實踐的。我們希望透過文本闡明的，是佛教哲學特殊的生命智慧與實踐哲學，當然，與前面的幾節相同，最重要的是這些古老的經典，究竟能夠給予身在現代的我們什麼樣的生命啟發。

第一節：蘊藏於經驗之中的真理

本小節的兩則文本「輪扁斲輪」與「庖丁解牛」，分別選自《莊子》的〈天道〉與〈養生主〉。

正如導言中所提及的，西方與東方的傳統文化，存在許多根本性的差異，這影響了人們看待世界與生命的方式。西方重視理性，認為僅透過事物的表象無以掌握真理，但細細思索後，我們仍可發現這個前提也不盡然毫無疑慮。

從西方傳統一路發展到現代思想，「經驗」一詞逐漸有了機械論(BOX3)的意味，認為經驗本身只是無深度的資料、資訊。這個傾向預設了我們日常的經驗世界並不足以信任，甚至預設了這個隨時處於流變之中的經驗世界，正經常性的欺騙著我們、誤導我們對於客觀真理的認知。

對東方思想而言，上述的西方傳統是不可思議的。我們可以試著重新發問：感官經驗真的那麼不足以信任嗎？一直在變動中的經驗真的那麼可憎嗎？為什麼預設經驗自身只是膚淺而表面的？最後，為什麼預設真理存在於經驗背後，唯有透過理性才能被認知？或者，真理有沒有可能就在經驗之中呢？

對一些東方的哲人來說，可能難以理解為什麼「真理」會存在於動態的經驗之外。「真理」在西方傳統思想中被標誌為「超驗（超越經驗）」(transcendental)(BOX4)的世界，在現代思想中，則被標榜為「客觀」(transcendental)的知識。我們可以就此作出簡單的區分：西方設想的真理具有「超越」經驗的屬性，然而在東方，真理則被設想成是「不離」經驗的道路。

也許某種程度上，東方的真理觀在西方看來欠缺建立理論的基本態度。然而，從東方的角度看西方，這些理論習慣卻反倒成了一種框架，犧牲了生動的現實經驗。《莊子》便是記載了這類思想的典型東方社會並不採取柏拉圖的理性態度來追尋世間的真理，而對於真理的不同設想，也決定了東西方文明對生命經驗的不同追求。在本單元中，我們會嘗試從這個問題切入，挖掘東方社會的思想資源，希望透過這個簡單的對照，給予身在現代的各位一些新的思想衝擊與啟迪。

本單元預計有三個小節，我們分別選了《莊子》、《老子》、《金剛經》等文本展開討論。（提問 b）

在第一節中，我們將以《莊子》的〈應帝王〉與〈養生主〉的兩則寓言為例，引領各位進入東方思想特殊的生命哲學（BOX1）與美學（BOX2）境界。選擇這兩篇選文的用意，是為了凸顯東方傳統文化中「經驗」概念的特殊意涵。這麼做除了能與西方傳統思想對比外，也希望各位能藉此思考，這種源於東方古老社會的特殊經驗意涵，在「現代」世界中是否逐漸遠離主流思潮，甚至趨於弱勢。

在第二節中，我們選擇《老子》中的幾章，希望能凸顯東方傳統特殊的文化邏輯與生命哲學。《老子》提出「道」的概念，我們藉此對比西方古代哲人或科學思潮中，特別強調語言概念的精準性和邏輯性這一點。《老子》並不打算去建構一個又一個不受制於經驗變化，永恆客觀的真理系統，而著重語言必須靈活使用，方能

提問 a：根據文章的前後段落，這裡所說的「二元對立的思考方式」指的是什麼？請加以說明。

提問 b：閱讀以下三個段落，請思考：根據這些段落，這個單元的三個小節共同回答的問題是什麼？編寫者是在怎樣的脈絡底下將這些內容組織在一起的呢？

BOX1 生命哲學（Life-philosophy）：生命哲學作為一種哲學的流派或者觀點，相較於一些重視客觀、理性、實證的哲學觀點來說，更重視人生命本身的意義與價值取向，包括內在的精神性、創造性以及實踐的能力等等。

BOX2 美學（aesthetics）：美學原本是哲學的分支，後來成為一個獨立的學科。它的字源意思是「感覺學」，是一門探討感官經驗與感性知識的學科。要注意的是，這裡的「感性」不是用來描述一般人的情感豐富或者容易激起情緒反應，而是指感官知覺所能夠經驗到的，通常與強調抽象邏輯概念的「理性」相對。

導言

在經過了人性、社會、政治、知識、語言與文化等等的討論之後，我們的文化基本教材終於也接近尾聲了。在這裡，需要先恭喜各位，即將完成這段不算輕鬆，但必然充滿意義的思辨之旅。

在最後的單元中，我們想試著和各位討論一下生命的意義是什麼，也替這場出入種種文化經典的思想盛宴劃下一個暫時的休止符。

無論過去的教育曾告訴過我們什麼，每個人的生命最終畢竟仍掌握在自己的手中，不知道各位是否嘗試問過自己：理想的人生藍圖該是什麼樣子呢？

自古以來，哲人們便不斷在這個問題上拋出自己的想法，他們面對宇宙，面對人間，也面對自己生命中的種種遭遇，為此做出許多饒富意味的思索。另一方面，隨著時代的演進，新的價值觀與生活方式，正慢慢改變了人們原先的思考習慣。

我們在這裡試著提供一個切入的角度，以重新檢視現代人看待世界的方式。無可否認的，自科學革命以來，西方傳統的思維模式影響當代至深，現代人的生活經驗基調，有很大一部份奠基於此。其實我們可以試著這麼去想：不管再怎麼深刻的思想，都會希望穿透萬物膚淺的表面，進而抵達生命的真實。譬如哥白尼為我們帶來的知識革命，便讓我們能通過數學理論，推敲出世界的真相，理解到先前所見的表象畢竟是膚淺而不足的，太陽並不圍繞地球轉動。

哥白尼的發現像是一盞明燈，照亮了原先的黑暗。然而，他與西方傳統思想間的關係卻並非如黑夜與白晝，僅是截然對立的兩端。是的，即使是黑夜與白晝，仍是一個延續的過程。著眼於哥白尼的成就時，人們可能也就此忽略了他如何延續了西方的傳統思想。

事實上，早在古希臘時代，柏拉圖就曾指出，人們該從脫離感官經驗的錯誤表象，用理性的眼光看世界，追問存在於表象背後的真理。從這個角度來看，近代科學革命再怎麼展現劃時代的成果，在思維上都可視為西方傳統思想的延續，而這個思維模式，也一路延續至今，左右了人們的生活與視野。

感官與理性的對立、以至於感官經驗與真理的對立，西方傳統這種二元對立的思考方式（提問 a），無形中預設了一種以理性主導的「世界觀」。這種世界觀預設了日常經驗僅僅只是萬物的表象，唯有超越感官、通過理性推論，才能發現真理與本質。

用粗略一點的眼光來區分，古老的

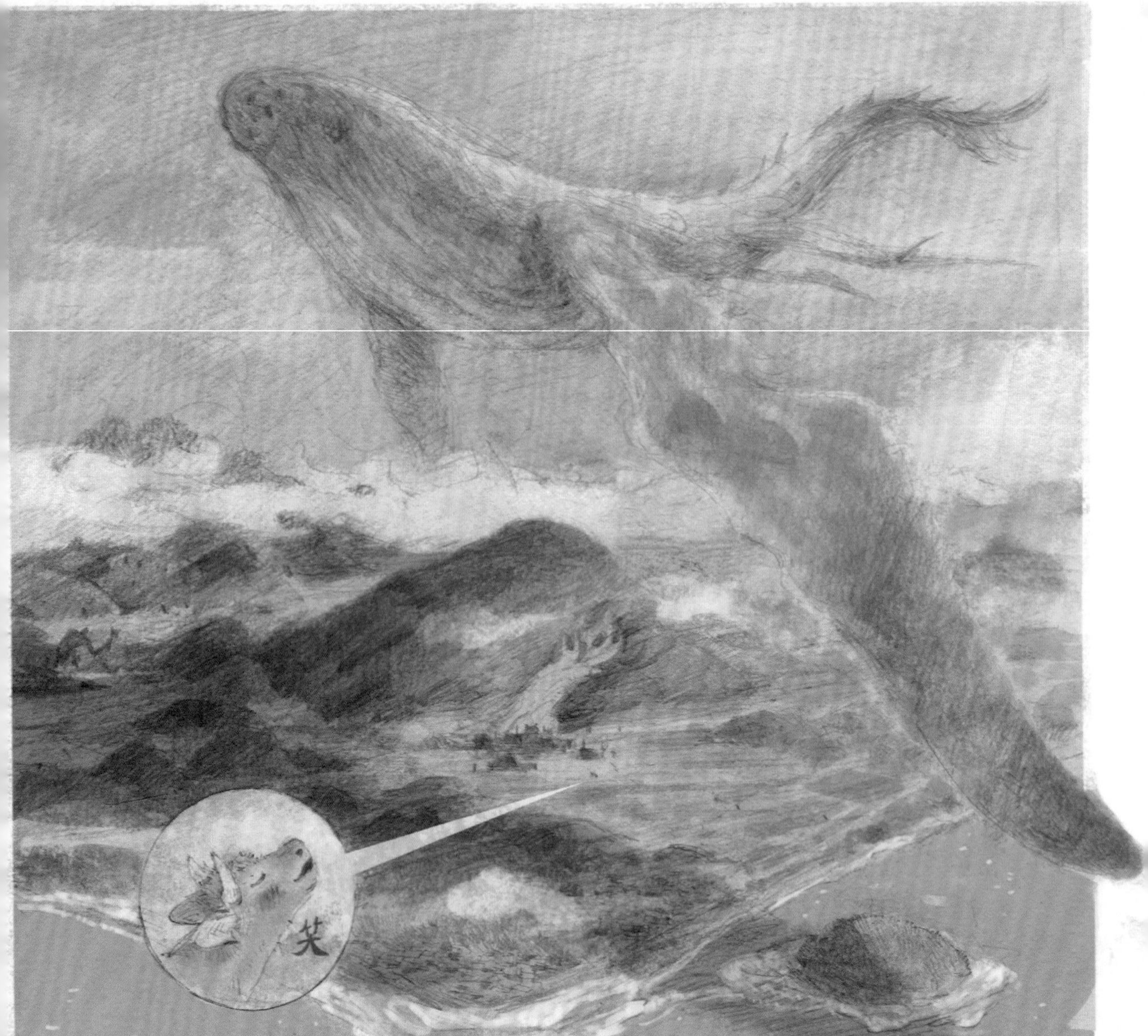

第六單元

通往自由與幸福的道路

我們追求的理想生活是什麼

為什麼？

4. 有些語言學家認為，不管是東、西方，在印刷術普及之前，由於書寫篇幅與傳播目的的限制，比起提供資訊，古書籍更著重於刺激讀者進行思考。這也許可說明，為何古文常見原則性的表達，而少見對於細節與脈絡的說明、描述。本單元選讀的《莊子・齊物論》裡，有大量不確定、曖昧的句子。這樣的表達方式，雖然不能提供充足與精準的資訊，但可能是莊子為了刺激讀者思考，才以這種表達方式帶給讀者特別的閱讀體驗。你認為，在現代白話文之中，若出現這類充滿曖昧、不確定性的表達，也能有一樣效果嗎？你什麼時候會採用這類方式溝通？如果遇到他人使用不明確的原則性語言，又該如何應對呢？

問題與討論

1. 古希臘哲學家亞里斯多德，有一次在海邊思考希臘的海軍隔天會不會和敵人開戰時，發現「明天有海戰」或「明天沒有海戰」這個句子，無法用「真／假」、「對／錯」下判斷。因為這涉及未來，現在就給定「真／假」，彷彿對於未發生的偶然事件，預先假定了一種必然的宿命，所以亞里斯多德說：「有關未來的句子，它既不真也不假。」二十世紀的邏輯學開始提出「三值邏輯」，認為在「真／假」、「對／錯」等二值之外，我們應該允許第三值的存在，比如說允許不知道、無關真假、非真非假……等等的「第三值答案」。請試著想想，「第三值答案」和我們第一節提過的「陰」、「陽」有類似之處嗎？僅允許二值判斷，和允許第三值判斷，你認為哪一個語言世界比較好？為什麼？

2. 「五行」之說於漢代鼎盛，在歷史上有其時代的需求，秦、漢是中國首次建立起大一統的帝國，秦帝國以嚴刑苛法維繫帝國統治，卻迅速覆滅，西漢思想的反省便建立在如何不走上秦帝國覆轍之上。於是，一個能聯繫整體的思想，便有助於建立一套帝國內部上下各方並不是獨立存在的政治觀點，此時，「五行」之說正好派上用場。相反地，有些現代的政治理論反而認為「國家」並不是一個內部不可分割的整體，當哪邊出問題了，就把哪邊拿出來修正。你認為一個「國家」或一個「社會」，是牽一髮動全身而不可獨立分割的整體呢？還是可以獨立分割的組合呢？用這兩種看法去理解「國家」或「社會」，會有什麼不同結果？

3. 能精準指涉事物的理性語言，讓「名」與「實」之間能夠有條理的一一對應，人們的語言表達也因而有了溝通的基礎。然而，如果在公共領域只允許理性語言的使用，有的人認為有些非理性的語言，雖然沒有條理、不對應真實，但卻反映出當事人的情緒態度，我們藉此可得知該議題對當事人的迫切程度。想像一下，如果在我們的國會議事殿堂上，有議員發表出眾人無法辨認內容的言論、或作出規範上所無法理解的行為，有可能是為什麼？你同意在溝通與討論時，需要「適度允許」非理性的語言嗎？

又隨即對自己所提出的判斷進行反省。以「詭辭」做為表達方式，使得「以明」這個莊子所主張解決方案都變得模糊，沒有一個絕對的手段是做為通往「以明」的途徑。沒有人知道今日認為是對的事物，明日會不會被證明是錯的。所以，從莊子身上我們看到了，在語言面前，我們只能謙卑再謙卑、反省再反省，透過一種可兼容各種言論立場的「詭辭」，讓我們避免自己成為以權力裁斷是非的獨裁者。

結語

最後為這單元做個結語：本單元試著從語言的角度來探討人們如何認識世界，從這些古老的文獻中，我們認識了語言的功能與影響力，說明了語言具有在秩序的優先功能，並更進一步思考了語言與政治權力的關係。

如果語言的行使與知識的擁有，本身就是一項權力的運用，那麼我們從出生以來開始認識世界並用語言表達我們認識的同時，就已經陷入不管是物理自然環境、還是人文社會教育所施加給與我們的權力。

於是，除了我們要用什麼認識模式去理解世界、要用什麼態度去面對語言的行使之外，更重要的不僅僅是意識到這都是權力的施加與行使，下一步更要去思考的是這些權力的運作最終會引領我們到什麼樣的生活樣態、實現什麼樣的生命意義？

本單元的討論就此告一段落，接下來，下一單元便是將回歸到更根本的位置，去探討生活的理想型態與生命的終極意義。

但莊子一方面提出「言者有言」，認為語言是有其內容的，又另一方面陷入自我反省，問說：語言的內容如果沒有定論，那這算是語言嗎？還是只是像雛鳥破殼時的鳴叫般，不算是語言？那這算是有試圖爭辯嗎？還算是沒有爭辯？莊子在此一方面提出「言者有言」，但自己卻以沒有定論的態度來表達語言，又再次形成了「詭辭」。

在這種詭辭裡，莊子一方面兼容了「言者有言」與「所言者特未定」這兩種對立的主張；又另一方面透過自己反省自己主張的言語對立，來呈現出儒家與墨家的是非爭論將造成「道隱於小成，言隱於榮華」的困境：對大道的追求卻迷失在追求爭辯的獲勝感之中，言語原本想表達的真實卻因為想要說服他人而隱沒在浮華的詞藻之中。

最後，莊子提供的解決言語所造成是非對立的方案是「以明」，但「以明」究竟為何？這又是一個歷來爭議眾多的問題，後世學者們從《莊子》當中的思想去推斷，「以明」可能有多種意思，以下列舉常見的幾種說法：

一、「反覆相明」，意指讓對立的儒家、墨家彼此互相辯論，藉此將他們的各自的是非推翻，便可讓雙方明白到這世間上的觀點都是「無是無非」的。

二、「本然之明」，意指儒家、墨家的是非之爭沒有意義，事物原本明白的道理不需要爭論就存在在那，直接展示出事物原本明白的道理便可消解是非。

三、「換位互明」，意指讓儒家、墨家之人彼此互換觀點，讓儒家之人從墨家的角度試著看事情，去理解墨家所明白的事情，反之，使墨家之人也如此，則兩方皆可互相明白原本不明白對方之處。

或許莊子不願意將「以明」提出一個標準的作法，是想提供給後人自行發揮的空間，我們在解決雙方對立的這個目標之下，有著無限的可能可以去發想，這正是莊子試圖保存語言與知識的多元性，而採取的一種模糊表達。

《莊子・齊物論》的這段文字讓我們理解到，語言一方面反映的是權力的裁斷，人們透過語言去判定他人的是非對錯，其實就是行使權力去對他人作為裁斷；另一方面又意識沒有人擁有絕對的真理與權力，可以去裁斷是非對錯之爭。我們雖不願意陷入是非對錯的對立之中，但人一旦有了判斷就立即進入了是非對錯的對立之中。

對此，莊子想要跳出是非對錯的對立之中，但又不能夠標榜一個絕對的手段來解決是非對錯，於是，文字中充滿著「詭辭」之言，莊子自己提出了一個判斷之後，莊子行文的特殊之處便在於此。透過模糊的表達兼容兩種矛盾的解讀於一個特殊詞彙之中，後人把這種表達稱為「詭辭」(BOX8)。一方面可以說，「成心」造成了對語言的執著，是關注於語言反省的莊子所會反對的；但另一方面，如果否定「成心」存在的價值，也只不過是以某種立場的「成心」去否定另一種立場的「成心」，這也會是莊子所反對的。而有趣的是，莊子在反省「成心」造成了「是非」爭端的同時，他也同時抱有一個「成心」之見：人只要在認識上有所判斷便不可能脫離「成心」。

先不論「成心」是好、是壞，從這段文字裡可以知道：莊子認為「成心」是「是非」的開端，人不可能在心中沒有定見就能夠判斷是非。所以莊子用「今日適越而昔至」、「雖有神禹，且不能知」做為比喻，說明「是非」如果能先於「成心」而存在，這在時間發生上以及人類能力上是不可能出現的事。所以莊子自嘆「吾獨且奈何哉」，就算是他，也無法逃離「成心」、進而也無法不陷入「是非」爭論的一方。

莊子認為「是非」來自於不同的言說者，他們所表達的言論不同，進而造成對立。他強調言說並非像是吹氣一樣地沒有表達內容，言說的人其語言是有內容的。

提問 h：對於「成心」有這兩種正、負不同的評價，如果換作是你，你怎會怎麼評價？如果「成心」是好的，你會想要強化自己的「成心」嗎？如果「成心」是不好的，你認為我們要消除掉它嗎？那要如何消除呢？

> **BOX8 詭辭**：一種詭異的言論，透過意思矛盾的語句，或透過隱藏、模糊、不表達言論內容來呈現表達。有些學者認為，道家中的《老子》、《莊子》裡刻意使用這種表達方式，例如《老子》所謂的「正言若反」，透過否定、矛盾的方式來使人意識到正確的答案。這種道家以詭辭來達到特殊的表達意圖，被稱作是「詭辭為用」。

50 今日適越而昔至：今日出發前往越國，但昨天就抵達了。莊子以此物理移動上的不可能，來比喻前一句「未成乎心而有是非」是不可能的。

51 無有為有：把沒有的事物當成是有的。此句用來批評會認同「未成乎心而有是非」的人，如同把沒有的事物當成是有的、把不可能的事當成是可能的。

52 神禹：像大禹一般神聖的人。

53 言非吹也，言者有言：這句是說言說並非像是吹氣一樣地沒有表達內容，言說的人其語言是有內容的。

54 特：但是。

55 未定：未有定論。

56 鷇音：雛鳥破殼而出時的叫聲，以此用來比喻只是叫聲，而沒有表達任何內容。「鷇」，音「ㄎㄡˋ」。

57 惡乎：疑問詞，相當於「怎麼」、「如何」。

58 道隱於小成：這句是說大道受到爭辯獲勝的小小成就給隱沒。小成：小成就。

59 言隱於榮華：這句是說言論的內容受到浮華的詞藻給隱沒。榮華：浮華的詞藻。

60 欲是其所非而非其所是，則莫若以明：如果要肯定對方所否定的，並否定對方所肯定的，那還不如以清楚明白的心去觀照一切。明：明白。但要如何讓陷入是非爭論的儒、墨雙方都能明白，莊子並沒有留下明確的答案。

章旨詮釋

這一段文字從探討「成心」開始，莊子試圖反省在人們心中已成定見的知識。

莊子開篇便問道：跟隨著自己的「成心」而學習，那麼誰會沒有學習的對象？並以此認為即便是愚笨的人，也必然會有自己的「成心」。莊子以學習說明人們所依據為判斷事物的標準。任何人都會有判斷事物的標準，哪怕某個人沒有跟隨著哪位人物作為學習，他自己內心判斷事物的標準，便可成為他自己的學習對象。在這裡，莊子下了一個基本判斷：只要人在認識上形成了判斷，就必然有所謂的「成心」。

傳統註解裡對於「成心」有正面和負面兩種評價態度：前者認為「成心」能夠提供人們快速作出判斷的依據，所以是好的；後者認為「成心」阻礙了人們對於不同意見的包容，所以不好（提問 h）。

日適越而昔至 50 也，是以無有爲有 51。無有爲有，雖有神禹 52，且不能知，吾獨且奈何哉！

夫言非吹也，言者有言 53，其所言者特 54 未定 55 也。果有言邪？其未嘗有言邪？其以爲異於鷇音 56，亦有辯乎，其無辯乎？道惡乎 57 隱而有眞僞？言惡乎隱而有是非？道惡乎往而不存？言惡乎存而不可？道隱於小成 58，言隱於榮華 59。故有儒、墨之是非，以是其所非，而非其所是。欲是其所非而非其所是，則莫若以明 60。

（出自《莊子·齊物論》）

注釋

47 成心：已形成的固定之見、偏執之心。隨其成心而師之：跟隨著自己的成心，並效法它，以它為師。

48 且：此處為語助詞，用於句中無意義，只表示語氣。

49 奚必知代而心自取者有之：這一句是提問說：何必要知曉更替變化而並從自己的觀點找到取信之處的人才有老師呢？知代：知曉事物的更替變化的道理。自取：猶如「自執」，指自己取信於自己、自己執著於自己的觀點。

到、但實際存在的差異。或許荀子「制名三法」所提供的原則與思路，可以作為當代公民參與，涉及溝通問題時的借鑑（提問g）。

第四節：對於語言與知識成形的反省

前一節我們分析了語言與秩序的關係，儒者關懷著「名」背後的人文價值。但未必人人都具備著這樣的理想，歷史上仍不乏有人試圖透過操縱「名」，以達成自己的私利，使得語言淪為權力的附庸品。

以操縱「名」來滿足私慾的情形，可以趙高的「指鹿為馬」為例。秦二世時，丞相趙高想試探朝中群臣是否服從他的權力，便牽了一頭鹿到秦二世面前，並聲稱這是一匹馬。當時秦二世感到困惑，於是詢問群臣。朝中大臣有人畏於趙高的權力，而跟著說這是一匹馬；有人無法昧著良心隨之起舞，便堅持說這是一頭鹿。趙高藉此找出異己，隨即剷除那些堅稱鹿就是鹿的大臣，使朝中再無反對自己的聲音。

在「指鹿為馬」這則事件中體現的，是權力影響著語言的運作。人們必須先辨別出誰實際掌權的人，才能決定用哪一個「名」來指稱事物。

當語言成為權力行使的工具，就喪失了背後的人文價值，對此，先秦思想家莊子面對語言表達了另一種態度：他希望透過對語言不斷的反省，使我們在使用語言時，能夠兼顧不同個體的話語權；透過對知識不斷的反省，而不再將自己的知識、觀點與立場視為絕對真理。他提醒人們必須兼容不同的價值觀，不因為權力操弄而消除語言與知識的多元性。

保存語言與知識的多元性，對於莊子來說有時代上的迫切意義。莊子出生在戰國中晚期，當時戰國列強相互攻伐，社會上有著「天下將定於一」的氛圍，人們認為，天下最終將在文化與政治上定於一尊，但這樣就必須犧牲不同國家與地區上的文化多元性。莊子在天下走向統一的歷史趨勢中，所關懷的便是如何在政治終將「定於一」的同時，又能保有文化的自由空間。

以下，我們將透過《莊子・齊物論》的一段文字，來觀察這樣的想法：

文本選讀

5-4-1

夫隨其成心而師之[47]，誰獨且[48]無師乎？奚必知代而心自取者有之[49]？愚者與有焉。未成乎心而有是非，是今對於禮制的社會規範中要進行「制名」時，必須積極求真，在過程中扮演主導的角色，避免只流於約定俗成、讓眾人因著感官偏誤形成錯誤的「名」。

時隔兩百多年，荀子所處的時代已是戰國末期，此時各國諸侯相互併吞，國際關係走向統一的趨勢。荀子之所以接續孔子的「正名」，卻又進一步強調「制名」時須考量的現實層面，正是因為這樣的歷史背景。沒有人可以脫離時代生存，所以思想也離不開現實環境，這是閱讀古代文獻時，必須留意的方法。

比較孔子、荀子生活的時代差異，我們看到儒者們對於「名」的關注，呈現強烈的人文關懷。「名」是孔子與荀子共同推崇的價值根源，也是統治者建構社會秩序必須關注的基礎。雖然「正名」的作法會因時代差異而有所不同，但對於社會和諧的價值追求，確實是永恆不變的目標。

如今，我們身處的社會充滿著各種紛雜的資訊，我們的政治體制也不存在一個為大眾制名的王者。如今，承載價值意義的「名」，是透過公民參與的審議制度形成的，但我們仍需面對「名」的使用缺乏統一標準的問題。在今日的社會之中，仍然有些人以個人經驗區分人事物，粗暴的賦與其所認定的價值標準，而忽略了感官可能會產生偏誤，也忽略了感官所未觀察

提問 f：在現代公共議題當中，舉凡性別、種族、年齡、職業等，你是否可以舉例說明：在哪些議題中，人們習慣以個人經驗來為人事物作分類呢？這樣的分類會有過於「粗暴」的問題嗎？這些被歸為同類的對象，有什麼差異可能是實際存在卻容易被忽略的呢？

37 疑似：大略相似、似乎相似。

38 通：溝通。

39 名無固宜：事物的名沒有本來就合適的。固：本來；宜：適合、合宜。

40 名無固實：名沒有本來就要對應著哪一個事物的。

41 名有固善：事物的名有本來就取得好的。

42 徑易而不拂：理解的途徑容易且又不違反人們的認識。拂：違逆、違反。

43 同狀而異所者：外表雖同卻不是同一個事物。

44 異狀而同所者：外表雖不同卻是同一個事物。

45 可別：可用不同的名區別。

46 雖可合，謂之二實：雖然可合用同一個名，但實際上卻是兩個不同的事物。

章旨詮釋

荀子認為，一個能夠平定亂世的王者，除了維繫既有的名份之外，仍會遇到需要重新「制名」之處，這是他對「正名」的重新詮釋。他所謂的「制名」有三個原則：

一、「所為有名」：荀子發現，人們對於各種事物有著不同的價值判斷，這樣的情況，將會造成人們溝通與行事上的困難。所以荀子指出，王者制名的目的在於使人們能夠在同樣的價值判斷下互動，以建立社會的秩序。於是，「名」的功能必須要能區分出事物的價值貴賤、形貌同異。

二、「所緣以同異」：進一步來說，價值判斷的標準建立在人們的感官能力之上。荀子認為，擁有相同生理結構、生活在同樣環境的人們，對事物的感知也大抵相同。因此，只要透過語言的比方，大抵都能理解彼此的心意。由此也可得知，荀子認為，「名」的訂定不能離開人類天賦的感官能力。

三、「制名之樞要」：要了解到事物本來就沒有固定的「名」，「名」的訂定是經由社會共識的結果，也就是所謂的「約定俗成」。然而，「名」有好有壞，容易理解又不違背常情的就是恰當的名。可見，荀子提出的制名原則，也照應到許多感官上容易產生的偏誤，例如兩匹馬雖相貌相同，但不能視為同一匹馬；蠶與蛾雖相貌不同，但卻是同一個生命體的不同階段，因此不能視為兩個獨立的生命體。

關注到這些面向，代表荀子雖然看重感官經驗在「制名」中扮演的角色，但同時也關注到其中蘊含的危險性。所以王者

子・正名》)

5-3-3

然則何緣而以同異?曰:緣天官[34]。凡同類同情者,其天官之意[35]物也同。故比方[36]之疑似[37]而通[38],是所以共其約名以相期也。(選自《荀子・正名》)

5-3-4

名無固宜[39],約之以命,約定俗成謂之宜,異於約則謂之不宜。名無固實[40],約之以命實,約定俗成,謂之實名。名有固善[41],徑易而不拂[42],謂之善名。物有同狀而異所者[43],有異狀而同所者[44],可別[45]也。狀同而爲異所者,雖可合,謂之二實[46]。狀變而實無別而爲異者,謂之化,有化而無別,謂之一實。此事之所以稽實定數也。此制名之樞要也。後王之成名,不可不察也。(選自《荀子・正名》)

注釋

32 志:心志,此指心中所想的事物。

33 喻:比喻、喻曉,此指可將心中所想的事物喻曉於他人,達成相互溝通。

34 天官:天生的感官認知。

35 意:意識到、認識到。

36 比方:比擬、譬如。

提問 f:你認同孔子關於「正名」的看法嗎?「名」一定會影響人嗎?你是否可以舉出在我們當代社會裡的哪個政策上是以「正名」觀點出發的?在那個政策裡,之所以要「正名」的理由是什麼?你認為會有效嗎?

則，所以「正名」與言談、行事、禮樂、刑罰之間具有直接的關係（提問 f）。

孔子的回答，歸結在若不「正名」則「民無所措手足」，這正好切中了衛國政治混亂的情境。人民若不知道自己所該扮演的倫理角色為何，一切行為都會無所適從。「君不君，臣不臣，父不父，子不子」的倫理困境，正好反映在蒯聵與蒯輒這對父子身上。倘若衛國上下有序，因著「正名」而讓人人心中都有一把尺，可裁量一切倫理價值，自然也能消弭君臣間的衝突，而不會發生內亂。

對於孔子來說，從語言、事物、制度、再到價值觀，「名」在其中扮演著關鍵的影響力。值得注意的是，孔子在這段文字對「名」的要求是：「君子名之必可言也，言之必可行也。」這段話是說，君子所使用的「名」必需具有可描述、可表達的內容，同時在描述與表達上又必須可實踐之處。

於是，「名」不單單只是一個符號標記而已，它連結了描述以及實踐的意義。「名」會影響人的行為、「名」會產生價值、「名」可以建立秩序……，它們建立在社會業已形成的文化共識之上，並且也將持續透過「正名」的實踐以延續下去。

孔子處在「禮崩樂壞」的春秋末年，周王室雖然在政治上還有一定的影響力，但隨著時代的變遷，人們只知道禮制的規範卻逐漸遺忘了禮制背後的價值，所以孔子為了復興周代的禮制，試圖重新賦予周禮價值闡釋，以喚起人們重現周禮背後的存在價值，所以才會以周禮的「名」為標準來進行「正名」。不過，以下所要介紹的荀子，他所身處的戰國時代，已經離聖王存在時非常遙遠了，聖王原先所制定的「名」開始被人們輕慢，社會上奇辭淫說四起、名實關係混亂、是非判定的依據不明確，就算有守法的官吏、反覆研習王者制名的儒者，世間仍然混亂，這是荀子所面臨的時代難題。

如果我們對比孔子和荀子對於「名」的態度，他們雖然同屬於儒者，有共同的價值關懷，由於面對的時代問題不同，在「名」的處理上也有所差異。荀子認為除了沿用周禮的舊名之外，還為了因時制宜，也有重新制定新名的需要。以下我們將以《荀子．正名》的一段文字，討論王者「制名」的方法：

文本選讀

5-3-2

知者爲之分別制名以指實，上以明貴賤，下以辨同異。貴賤明，同異別，如是則志 32 無不喻 33 之患，事無困廢之禍，此所爲有名也。（選自《荀

31 苟：苟且、隨便。

章旨詮釋

在這段對話的開頭，子路問孔子，若由孔子協助衛國執政，他將從何做起？從歷史現實來看，此時衛國因連年內亂而百廢待舉，這讓子路的問題顯得特別重要。這個問題等同於問孔子：「要改革如此的亂局，哪一件事情是首要之務？」而孔子的回答即是「正名」。

從子路的回應來看，我們可以推知，當時人認為「名」並不是值得重視的事情，至少在動亂的時代中，「正名」不會是最先需要處理的事，是以子路認為孔子的想法不切實際。雖然對話裡子路沒有說明他的理由，但我們可以試著從幾個面向來推測：可能子路認為比起直接平息戰爭，「正名」這件事並沒有那麼迫切；也可能認為「名」只不過是事物的稱呼而已。就算稱呼不同，事物本身也不會有所改變。所以，名、實之間的不對應，似乎不會造成什麼問題。

孔子顯然並不同意這樣的想法，他反而認為「正名」是最根本的解決之道。孔子認為，「名」不只是一個可以任意改動的稱呼而已，因為人們在既有的文化脈絡之下，每個「名」已經有著約定俗成的價值內涵，形成人與人相互溝通的秩序原

提問 e：在我們的日常語言裡，有哪些概念是作為認識事物的有色眼鏡，可以幫我們簡便地判斷事物？雖然這些有色眼鏡帶來了認識上的侷限，但我們的語言裡如果沒有了它們，我們會如何呢？好比如有的人只用七彩（紅橙黃綠藍靛紫）再加上黑、白、透明等簡單的區分來分類顏色，倘若我們沒有了七彩和其他的簡單區分，我們會如何描述顏色呢？

BOX7 子路：仲由（西元前 542 年－前 480 年），字子路、或稱季路，春秋時期魯國人，善武好勇。子路是孔子的著名弟子之一，曾在衛國任官。衛出公與其父後衛莊公爭位，後衛莊公劫持衛國大夫孔悝。子路當時是孔悝的家臣，他為了救孔悝而與衛後莊公的家臣決鬥。在決鬥之中，子路的冠帶斷了，子路暫停決鬥，彎下腰拾起冠帽想重繫冠帶時，卻被對方趁隙殺害，並且屍體還被剁成肉醬。孔子聞訊後，十分傷心，從此不吃肉醬。

我們所使用的語言。

先秦儒家將語言稱作為「名」，由語言所指涉的事物對象則稱為「實」，並探討如何正確使用「名」來對應於「實」。這種名實要如何對應的問題，我們稱之為「名實問題」。

我們在第一單元提過，孔子所肯定的「禮」，指的是公共生活的秩序。儒家重視「禮」的社會規範功能，而名與實之間如何正確對應，便決定了「禮」在社會上能否有效運作。我們在接下來的討論中，要進一步介紹的，是公共秩序與名實問題上的關係。

孔子所身處的春秋時代，周朝禮樂崩壞，舊有的禮治秩序蕩然無存。孔子認為，執政者應當注意的是：「君君，臣臣，父父，子子。」（《論語．顏淵》）我們在第三單元也提過，人們在倫常關係之中，常常無法履行各自的倫理義務，使得組成社會的各種角色關係產生混亂。因此，孔子提出了著名的「正名」，他認為必須以正確「名」來批判、矯正不合於禮的行為與事物。

以下我們所選讀的《論語・子路》即反映了這個情境。子路 (BOX7) 出仕衛國，當時衛國政治混亂，衛靈公流放了太子蒯聵，選擇他的孫子蒯輒作為未來的國君，這違反了禮的倫理規範，最後造成蒯聵、蒯輒父子為了國君之位引發內亂。此時，子路便向孔子請教治理衛國的方法：

文本選讀

5-3-1

子路曰：「衛君待子而爲政，子將奚[23]先？」子曰：「必也正名乎！」子路曰：「有是哉，子之迂[24]也！奚其正？」子曰：「野[25]哉由[26]也！君子於其所不知，蓋闕如[27]也。名不正，則言不順；言不順，則事不成；事不成，則禮樂不興[28]；禮樂不興，則刑罰不中[29]；刑罰不中，則民無所措手足[30]。故君子名之必可言也，言之必可行也。君子於其言，無所苟[31]而已矣。」

注釋

23 奚：疑問詞，相當於「何」、「什麼」、「哪個」、「哪裡」。

24 迂：迂腐。

25 野：粗野。

26 由：仲由，字子路，孔子弟子。

27 闕如：存疑而不言。

28 興：昌盛、繁榮。

29 中：中正、公正。

30 措手足：手腳沒有地方擺放，形容不知如何是好。

看到「五行」原先所描述的自然「次序」，被董仲舒用於說明倫理關係；而「生剋」所產生的連動影響，更突顯了各個社會角色間的相互關係：若要臣民、孩子有良好的發展，便不能只靠他們自身，除了需要君主、父母的生養，更需要代代積累牽連的相生、相助（提問 d）。

有人說：「方法決定本質。」人們需要一套觀察方法去認識事物，然而使用一套觀察方法，就像戴上一副有色眼鏡。在此，我們不妨稍微比較「陽／陰」與「五行」所看見的世界：透過陰陽觀，我們所見的是事物兩兩相依，一切必有陰陽兩面的世界；透過五行觀，我們所見的是萬物牽一髮而動全身的連動關係。不同的觀察方法，決定了我們認識事物的方式，每種方法都有其功效，也有其侷限，但常常被我們當成唯一的真理，無法跳脫它帶給我們的限制（提問 e）。

第三節：語言對於秩序的作用

延續前兩節所談，我們觀察事物的方法就像是一副有色眼鏡，影響了觀察的結果。值得注意的是，像「陰陽」、「五行」這類的觀察方法，皆由語言所呈現。因此，要探究人類面對世界的方式，就必須反思

BOX6　《春秋公羊傳》：孔子所著的《春秋》是一部史書，記載著從魯隱公元年（公元前 722 年）到魯哀公十四年（公元前 481 年）間二百四十二年之間的歷史，後人將此時段稱為「春秋時代」。在春秋戰國時期，有三部書為《春秋》做闡釋，稱為「春秋三傳」，其中之一便是戰國齊人公羊高所著的《春秋公羊傳》。《春秋公羊傳》的特點是以「讖緯」做為闡釋的主軸，並以《春秋》的尊王思想延伸出「大一統」與「撥亂反正」觀點。
所謂「讖緯」，指的是依附經典做出未來的政治預言。「大一統」與「撥亂反正」的觀點則是認為要透過國家自上而下達到貫徹一統的政令體系，以整頓亂局，回歸公羊思想所認同的正常秩序。

提問 d：董仲舒將「五行」描述自然世界的連動關係放入價值世界，認為這自然世界裡的五行關係在政治與倫理上是一致的，這是不是前面我們所提及過的「應然」與「實然」的混淆？你認為董仲舒這樣的處理合理嗎？你認為合理或不合理的理由是什麼？

18 得辭：此指得出前述五行相生而有孝子忠臣之行的描述。辭：言詞、描述。

19 多其愛而少嚴：此指五行的相生關係，前一行對於下一行而言，是慈愛多些而嚴厲少些。

20 厚養生而謹送終：此指五行的相剋關係，當前一行受剋對於所生的下一行而言，是對生前的奉養隆盛而死後的送別謹慎。

21 有行：指具有德行。

22 官：職責、職份。

章旨詮釋

《春秋繁露》一書，以陰陽五行之說闡明《春秋公羊傳》(BOX6) 的思想。從書名來看，「繁露」的意思，有兩種理解方式：一、「繁露」是天子冠帽上的垂珠，珠簾聯貫，故用以比喻《春秋》的政權更替有其聯貫次序；二、「繁露」是指繁多露潤，以滋潤大地的露水比喻《春秋》大義對社會倫理的幫助。不管是哪一種解釋，都與人類的政治倫理密切相關。我們選讀的段落，正是以五行相生相剋之次序，說明其聯貫意義。

「天」在《春秋繁露》裡除了指稱大自然以外，更是一切倫理價值的根源，所以《春秋繁露》把「天命」做為統治正當性的根源，又把「天道」做為人世倫常的運行秩序。選文一開始強調了「五行」的次序是「天次之序」，是上天的安排，猶如父子關係，一代傳承一代，如木繼承著水而生，火繼承著木而生。另一方面，由於五行又對應著五種方位，董仲舒據此認為五行的次序與傳承關係遍佈於各方，涵蓋了整個世界。

接下來，董仲舒更進一步將父子倫常放到政治關係之中。五行之相生相剋，就好比如孝子侍奉父母、忠臣效忠君主一樣；當孝子、忠臣想要壯大時，也需要父母與君主的供給。這就如同火想要壯大，樂於擁有足夠的木以生火；水若是衰弱，則是由於金遭受到剋制，導致水不得旺盛。所以董仲舒自問：「五行之為言也，猶五行歟？」五行只是描述水、火、木、金、土的自然規律而已嗎？很顯然地，在董仲舒的眼裡，它還有著倫理和政治上的意涵。

於是，在聖人的眼中，生剋關係具有道德意涵。作為父母，對待孩子應該要多些慈愛、少些嚴厲，這樣孩子才能獲得良好的發展；作為孩子時，眼見父母終有衰亡的一天，就應該在父母生前奉養隆盛，死後的送別也應謹慎。作為忠臣時，對待君主應該像土上承於天一樣，對待君主猶如敬奉上天一樣。

在《春秋繁露．五行之義》裡，我們

也，猶五行歟？是故以得辭[18]也，聖人知之，故多其愛而少嚴[19]，厚養生而謹送終[20]，就天之制也。以子而迎成養，如火之樂木也。喪父，如水之剋金也；事君，若土之敬天也，可謂有行[21]矣。五行之隨，各如其序，五行之官[22]，各致其能。（出自《春秋繁露．五行之義》）

注釋

13 天次之序：上天所安排的次序。

14 相受而布：此指五行的相生猶如父子承繼般分布於世間。相受：承繼之意。布：分布。

15 火樂木而養以陽：由於火屬陽，所以此句是說火想要壯大，則火會樂於木生火，因而可培養陽火。

16 水克金而喪以陰：由於水屬陰，所以此句是說水若是衰弱，則是金受到剋制，因而難以生出陰水。

17 土之事火竭其忠：此句是說土之侍奉天，猶如臣子對君父效忠，此處以天尊地卑的形象比喻君父在上、臣子在下。事：侍奉之意。「火」字一本作「天」，《白虎通．五行篇》：「五行者，何謂也？……地之承天」，與「土之事天」意相近。

BOX5 董仲舒（西元前192年－前104年）：西漢著名的儒學家、經學家、政治家。漢武帝下詔廣求治國良策，董仲舒對應以《天人三策》。依照當時的社會需求，董仲舒提出「罷黜百家，獨尊儒術」，受到漢武帝的採納，使得儒家成為歷代正統思想，影響長達二千多年。董仲舒的儒學並不同於先秦儒學的主張，而是以儒家宗法制度為核心，輔以陰陽五行之說，將君權、父權、夫權之「三綱」賦予陰陽五行與天人感應的背書，形成一套宇宙運行與帝制、宗法制度密不可分的體系。

五行	水	木	火	土	金
五味	鹹	酸	苦	甘	辛
五事	貌	視	言	思	聽
五臟	腎	肝	心	脾	肺
五情	恐	怒	喜	思	悲
五德	智	仁	禮	信	義
五方	北	東	南	中	西

（五行配對表）

入不同的數值時，連帶地會影響到我們解出 Y、Z 時的數值。

於是，「五行生剋」作為一套認識世界的模型，有兩個值得注意的重點：

一、「五行」只是象徵符號，重點在於「次序」：如何觀察出事物什麼「生」什麼、什麼「剋」什麼，以構成一個可預測的生剋「次序」循環才是重點。

二、「生剋」的重點在「連動關係」：以「生剋」關係觀察世界運作時，所著重的是牽一髮而動全身的連動關係。例如當「金生水」的現象出現時，其所影響的不只有金和水，金削減自身去生水，同時也消減了金剋制木的力道；當水增加的同時，也影響了水所生的木，以及水所剋的火。同理，「剋」的作用也會產生連動，例如當「木剋土」時，所影響的不只是木與土，木削減自身去剋制土，同時也削減了土剋制水的力道，使得水得以旺盛。

「五行生剋」在古人的生活應用層面非常廣泛，幾乎無所不在。舉凡天文、數學、音樂、煉丹、命理等領域，都可見到它的存在，甚至我們今日還在使用的漢方醫學也是以它為核心。但此處選文我們介紹的是「五行生剋」在政治領域上的使用，以下便以董仲舒 (BOX5) 的《春秋繁露・五行之義》為例，看看古人如何運用「五行生剋說」解釋政治中的倫理關係：

文本選讀

5-2-1

天有五行：一曰木，二曰火，三曰土，四曰金，五曰水。木，五行之始也；水，五行之終也；土，五行之中也。此其天次之序 13 也。木生火，火生土，土生金，金生水，水生木，此其父子也。木居左，金居右，火居前，水居後，土居中央，此其父子之序，相受而布 14。是故木受水，而火受木，土受火，金受土，水受金也。諸授之者，皆其父也；受之者，皆其子也。常因其父以使其子，天之道也。

是故木已生而火養之，金已死而水藏之，火樂木而養以陽 15，水克金而喪以陰 16，土之事火竭其忠 17。故五行者，乃孝子忠臣之行也。五行之爲言

圖二、《尚書．洪範》的五行配對

圖三、五行常見的五臟、五情、五德配對

生水」的錯覺，金屬並不會產生。

但「金生水」並不該看成是真正的物理生成，而只是「金」所象徵的事物如果增加，將會導致「水」所象徵的事物也會隨之增加。這就好像我們在數學課裡學到的函數關係一樣，木、火、土、金、水之「五行」像是X、Y、Z等代數，當X代

驗」能力做為知識的來源，他認為人類理性推論，必定需要先有經驗做為內容才得以進行有意義的推論，所以他提倡實驗方法來反覆驗證吾人的經驗真實。

法國哲學家笛卡兒強調以人的「理性」能力做為知識的來源，因為感官經驗時有錯覺，無法作為知識的可靠來源。人類透過自身的理性能力不斷懷疑一切感官經驗的認識，最後會發現唯有「不斷在懷疑一切的理性之我」無法被進一步懷疑，於是笛卡兒推出「我思故我在」這一句名言。

BOX4《尚書．洪範》：尚通「上」，尚書，意為上古之書，記載著夏、商、西周之上古的文告、公文與君臣對話。洪，是「大」的意思；範，是「規範」、「法規」之意。洪範即為天地、國家的最高法則。傳說中禹治洪水時，上天賜他〈洪範〉作為治國依據。西周時，箕子將其內容向周武王陳述，而留下《尚書．洪範》此篇。其治國的法則分有九類，「類」又稱為「疇」，所以這治國法則又稱為「洪範九疇」。這裡所談的「五行」、「五事」各是其中一類。

作為基礎，反對以上帝或是教會作為知識的權威來源。透過以人類自身能力所建立起的規律和秩序，啟蒙運動帶來給我們崇尚科學、民主、人權的現代公民社會。但我們不禁要反思的是：當科學研究、民主體制、法律權利等知識透過人類的建構不斷日趨複雜的同時，會不會也形成了一種以專家領導我們生活的新權威呢？這是值得我們警惕的。

第二節：世界如何聯繫為一個整體

上一節，我們介紹了以「陽／陰」這組相對概念認識世界的方式，接下來我們要介紹另一套古人認識世界的系統，這套系統並不像是「陽／陰」以簡單的相對概念推導出繁複萬千的變化世界，他反而是先建立出一套可以涵蓋整體的模型，把要觀察的對象給放入模型之中，藉以說明觀察對象內部的聯繫關係。在介紹之前，我們先試著想想一個問題：由於萬物之間存在著緊密的關係，牽一髮而動全身，那我們該如何描述這個世界，才能突顯這個特性呢？

古人的做法是建立一套模型去掌握這個世界：這套模型由五種相互影響的類別構成，人們將各種事物放入這五種類別之中，以推算事物之間的連動與變化。這便是「五行生剋說」。

「五行」就是水、火、木、金、土五種元素，古人會用這五種元素搭配各種概念，進一步來解釋世界。在《尚書・洪範》(BOX4) 裡，便開始將「五行」依序配以鹹、苦、酸、辛、甘之「五味」，以及貌、言、視、聽、思之「五事」。在更後來的典籍，我們將進一步看到古人試圖將各種領域當中所能想到的元素，都放入「五行」的分類之中。

特別的是，「五行」的元素之間具有「生剋」關係：

- 「生」的關係是：水生木、木生火、火生土、土生金、金生水。
- 「剋」的關係是：水剋火、火剋金、金剋木、木剋土、土剋水。

我們可以從圖二圖三做為說明：

「五行生剋」如同「陽／陰」概念一樣，也是古人觀察世界得出的規律，但水、火、木、金、土並不是對物理現象的具體描述，而是用以代入世界萬物的象徵系統。有些人會誤以為古人的「五行生剋」是一種物理現象，進而以當代物理知識加以檢驗，從而認為它有不合理之處。例如古人認為「金生水」，但實際上是在冶鐵時，炙熱的鐵器接觸冷空氣，導致水分子在鐵器上凝結成水珠，才使古人產生「金物、趨吉避凶。

另外，〈繫辭傳〉強調「剛柔相摩」，這說明了陰、陽之間是相輔相成的，陽無法脫離陰、陰也無法脫離陽，「陽／陰」不是截然二分的關係。所以說「乾知大始，坤作成物」，陰、陽共同參與事物從開端到定形的過程，因此每個事物中都包含著陰、陽兩面。這也體現了古人認識宇宙萬物的思維：「陽」的動能與「陰」的靜定，便是創造世界的基礎。

有的學者認為，「陽／陰」概念受到重視，與史官對於天象的觀察有關。古代的史官一方面記錄歷史上的人事變化，另一方面觀察天象運作，從而將天象的規律抽象化，以描述世間的規律。從天象來看，日出月伏、月升日降等相輔關係，便是「陽／陰」的展現。天象有其規律，人們透過觀察規律來預測天象，也希望循此方法，在社會中找到規律，以預測人事。

史官觀察天象，用以描述變化規律，於是人們開始擺脫神威難測的迷信思想，轉而以觀察規律來認識世界，這也意味著人類不再只是乞求神明的賜福，而開始肯定自身的認識能力，這也是人文精神的表現。

在西方啟蒙運動的開端，常以培根、笛卡兒等哲學家作為起點（BOX3），他們都主張探詢真理的方法要以人類的認識能力

提問 b：在生活裡，我們有許多化繁為簡的輔助工具，像是便利貼、地圖、長條圖、圓餅圖等。請思考一下，在你學過的知識裡，有哪些概念工具是可以幫助你在思考事物時能夠化繁為簡呢？

提問 c：在文化教材第一單元的 BOX8 裡，我們介紹過「應然」與「實然」的區分。《周易・繫辭傳》這裡，很明顯地混淆了「應然」與「實然」的區別，請思考一下，把「應然」與「實然」混在一塊會造成什麼問題嗎？在我們的生活文化裡、以及小說、動漫、影視作品裡，你看過有哪些想法是把「應然」與「實然」混淆在一塊的？

BOX3 培根（西元 1561 年～ 1626 年）與笛卡兒（西元 1596 年～ 1650 年）：這位哲學家常被視為是啟蒙運動的先驅，都強調以人自身的能力做為知識來源的基礎，但對於人類哪一種能力具有知識建立的優先地位，培根與笛卡兒的見解差異很大。
英國哲學家培根強調以人的「經

5 在天成象，在地成形，變化見矣：這三句表示了人們透過觀察天地的形象，而能得知陰陽變化。

6 摩：研磨交疊。此指八卦的各爻，是透過陰爻與陽爻層層交疊而成。

7 盪：推移變動。此指《周易》的六十四卦，是透過八卦的變換組合而成。

8 鼓：鼓動、發出聲響。

9 乾知大始，坤作成物：這一句描述了《周易》對於宇宙萬物化生的觀點，乾卦的陽動開創了事物生成的開端，坤卦的陰靜表現了事物最終的定形。知：是。大始：此指開創事物的初始。作：為。

10 乾以易知，坤以簡能：此句承接上一句，坤的生成萬物承接於乾的變動開端。這種從陽動作為開始、到陰靜作為終結的過程，陰、陽各自所表現出的功能相當簡約，也因此使人易於理解。易：平易。簡：簡約。

11 易知則有親：此指容易理解的事物，人們才容易去親近、使用它。

12 天下之理得，而成位乎其中矣：這句說明了天下的道理都在《周易》的陰陽觀察之中可以獲得，人們通曉天下的道理，便能夠理解自己若要作為一位賢人，自己在天下之間適合的位置在哪。位：此處指賢人之位。

章旨詮釋

《周易・繫辭傳》以「陽／陰」概念作為總原則，認為「陽／陰」是宇宙運作的根本。因為先有了「陽／陰」的區分，才產生了高下、貴賤、動靜、剛柔、吉凶、日月、寒暑、男女等各種相對概念。

〈繫辭傳〉進一步強調以「陽／陰」看待世界，具有兩種特殊的意義：

1. 將事物的描述簡化成「陽／陰」概念，這樣的作法是平易、簡約的。

透過兩兩相對的概念來描述世界，世界變得易於理解，也因為易於理解而容易讓人遵循其背後的原理。原理易於遵循，則易於持久地累積功效（提問b）。

2. 以「陽／陰」概念理解世界，所想要累積的功效，是具有價值意義的。

這種功效的目的，是透過定位世界萬物的秩序，進而找出自己安身立命的位置。便是成就賢人之德、賢人之業。（提問c）

可見〈繫辭傳〉的作者並不只將「陽／陰」當作是一套認識方法，它更是一套修身的學問。當我們藉由區辨事物而掌握了世界的秩序，也就能知道如何順應事

人之業。易簡，而天下之理得矣；天下之理得，而成位乎其中矣[12]。（出自《周易．繫辭傳上》）

注釋

1 乾坤：《周易》一書以陰陽作為描述事物變化的根本，其中的六十四卦裡，乾卦為純陽之卦，用以表現天的運行變化；坤卦為純陰之卦，用以表現大地的載物處卑。

2 動靜有常：此句是說事物的陽動陰靜有一定的規律。常：常規、常法。

3 剛柔斷矣：此句是說陰陽有不同的屬性，陽屬剛、陰屬柔，剛與柔的性質是判然分明的。斷：分別、分斷。

4 方以類聚，物以群分，吉凶生矣：這三句說明了地區的差異群聚了各自的產物，透過產物的不同又可將事物分門別類，人們便是透過觀察事物的群類異同，從中得出對自己而言，是吉、是凶的徵兆。方：方物，指以地方區域劃分的土產。先秦時人常以不同地區的產物作為辨識事物分類的方式。

BOX2「經」與「傳」：《周易》分有「經」和「傳」兩個部分，前者相傳為周文王所作，是《周易》的經文；後者相傳為孔子及其弟子所作，是解釋《周易》經文的作品，文本選讀的〈繫辭傳〉，便是「傳」的其中之一。所謂〈繫辭〉，是繫於各卦象與各爻之後的解釋性文辭，屬於「經」；而〈繫辭傳〉則屬於「傳」，〈繫辭傳〉對於解釋各卦象與各爻之〈繫辭〉再進行綜合解釋，用以說明〈繫辭〉背後的總原則。

像是中國古人常用「陽／陰」這兩個概念描述萬物。「陽／陰」是從日光的向背所得出的抽象概念：古人將面向日光之處稱為「陽」、背向日光之處稱為「陰」，後來引申為描述事物的正面與反面。於是，舉凡方位的上下、日月的升降、水氣的乾濕、氣候的高低、狀態的剛柔、變化的動靜、施政的恩威等差異，都可用「陽／陰」來區分。

說到陰陽觀，最具代表性的經典，便是《周易》。《周易》原先是古代的一套占卜書，全書以「—」陽爻、「- -」陰爻兩種符號，並透過這兩種符號的交疊，形成八個卦象，再以八卦兩兩相疊，構成

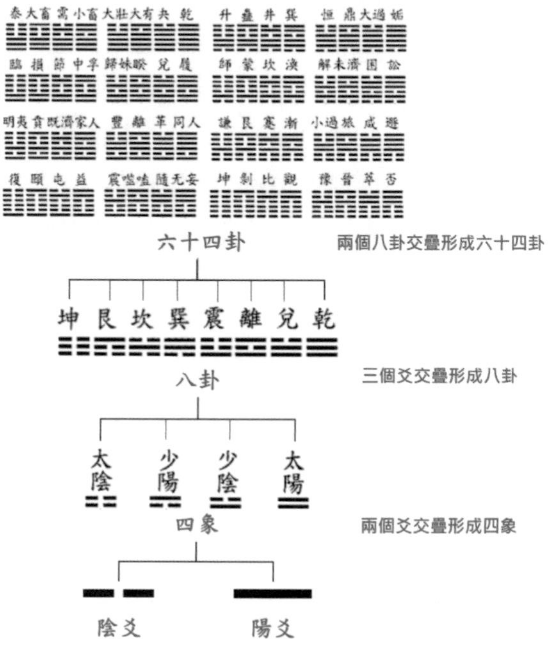

圖一、六十四卦的組成

六十四個卦象。用這樣的方式不斷區分差異，便能夠表現事物發展的各種階段。

由於《周易》透過「陽／陰」構成了一套理解宇宙運行的哲學觀，後世便不再只將它作為占卜書來看待，更將它視為是一本哲學與宇宙論的著作。於是，此書的重點便不再是占卜，而是如何透過此書使我們認識到，現在所處的環境與事物變化發展階段，應該以什麼相應的積極態度去面對。

以下，我們透過選讀《周易・繫辭傳上》(BOX2) 來看古人對於「陽／陰」這套概念工具的態度：

文本選讀

5-1-1

天尊地卑，乾坤[1]定矣。卑高以陳，貴賤位矣。動靜有常[2]，剛柔斷矣[3]。方以類聚，物以群分，吉凶生矣[4]。在天成象，在地成形，變化見矣[5]。是故，剛柔相摩[6]，八卦相盪[7]。鼓[8]之以雷霆，潤之以風雨，日月運行，一寒一暑，乾道成男，坤道成女。乾知大始，坤作成物[9]。乾以易知，坤以簡能[10]。

易則易知，簡則易從。易知則有親[11]，易從則有功。有親則可久，有功則可大。可久則賢人之德，可大則賢

第一節：理解世界的概念工具

我們可以先試著去想一個問題：人類最初是如何理解世界的呢？

我們所面對的世界包羅萬象，且時時刻刻處在變動之中。當人們試著要理解世界的時候，常常以化繁為簡的方式，找出可以描述世界的基礎要素，拼湊成各種我們經驗到的事物。

認識世界的起始，便在於區辨事物之間的「差異」。如果我們的腦海裡只能有一個概念去描述世界，我們將沒有不同的概念可以去區分差異，只能將它們視為是一體來作為描述（提問 a）。德國哲學家萊布尼茲（BOX1）有一句名言：「在一座花園裡找不到兩片完全相同的樹葉。」意思是說，如果我們只以「樹葉」這一個概念去認識花園裡的樹葉，便是只就「樹葉」的共通之處去認識樹葉。那麼，每一片樹葉之間的差異就被忽略了，在我們的眼裡，它們都只是樹葉。然而，即便兩片樹葉再怎麼相像，也必然會有它在樹上的位置、葉脈分布上的細節等差異。這個世界上並沒有兩片樹葉是完全相同的。

其實，人類只要透過兩個不同的概念重複組合，便可表達千變萬化的世界。有兩個的不同概念，便可對比出「差異」。

提問 a：如果你要稱呼這世界的「一切」事物，你會用哪個詞彙？為什麼你覺得用這個詞會比較好呢？不同文化裡對於表達一切有不同的使用，像是「萬物」、「天地」、「上帝」、「宇宙」等等，比較一下，你覺得這些用以表達一切的詞彙，彼此之間在意涵上有沒有差異？

BOX1 萊布尼茲（西元 1646 年～1716 年）：德國哲學家、數學家，他和牛頓先後各自發明了微積分，並且經由《周易》的啟發，他對於後世的電腦計算機所使用的二進位法提出了貢獻，被譽為計算機之父。萊布尼茲認為人類的思想與推理可以被化為像是數學一樣的運算，透過這樣的運算可以解決人類觀點上的分歧，得出像數學運算一般的標準答案。

導言

從先前的一到四單元裡，我們由人文精神出發，透過古人的思想展開諸多討論。這些討論展現出多元的樣貌，我們很難找到一個固定的解答，歷史與文化總是如此豐富多彩，值得我們不斷提問、反思。儘管人們生活在同一個世界，有著類似的知識背景、面對共同的時代情境，但彼此所關注的議題、想追問的事物卻截然不同。這似乎意味著，人們並不只是遵循某個真理般的原則來生活，而是透過富有創造力的思考，賦予這個世界更豐富的樣貌。因此，釐清人們認識世界時採取的種種方法有何差異，能讓我們更全面地思考這些關懷產生的脈絡、進一步看清問題的本質。

比如第二單元中談到的人性問題，孟子和荀子因著關注的面向不同，對人性的結論也不一樣。孟子自人性本質展開思考，關懷的重點便在於人如何透過修養，發展這種本就具有的善性。荀子的思考方式與孟子不同，他從人性自然發展的角度觀察，不直接討論人性的本質，而是希望透過修養工夫乃至社會規範來生出秩序，避免社會混亂。因著觀看世界的方法不同，這兩個人對文明的理解便也有所差異。孟子所想像的政治，起源於先王的仁心；荀子則認為先王在最初定下了規範與準則，後人則必須依循這些，以維持世界的秩序。

回到本單元所希望探討的問題，人們在認識世界的過程中，有著各自的思考路徑，也會形成不同概念，甚至因著這些，對理想的世界秩序也有著不同的想像與期待。當人們嘗試去表述自身所認知到的概念，透過溝通、妥協的過程，一步一步靠近理想時，語言就會是一個必然被使用到的工具。另一方面，語言作為思想的工具，有其不可取代的功能，也有其限制。當語言與權力結合，形成宰制思想的框架，也可能產生進一步的問題。

我們將分成四個部分討論上述這些問題。第一節以「陽／陰」這組概念工具，介紹古人如何建立一套認識世界的框架；第二節透過「五行生剋」思想，進一步觀察生活世界的各種要素如何被聯繫為一個整體；第三節則透過孔子的「正名」與荀子的「制名」，說明語言對於秩序有著優先作用，因此秩序的安頓仰賴著對語言的導正；第四節則選讀《莊子．齊物論》來進行反思，重新釐清我們在語言、概念、知識上的執著。

第五單元

語言、知識與經典

我們如何認識這個世界

普通型高級中學國文 4

中華文化基本教材

普通型高級中學國文 4

普審字第 110003 號
企　　劃 / 深崛盟
編輯顧問 / 吳勝雄（吳晟）、林淇瀁（向陽）、陳萬益、許又方、楊佳嫻、廖振富、廖玉蕙、駱靜如
主　　編 / 楊翠
執行主編 / 朱宥勳
編輯委員 / 吳昌政、吳瑋婷、李屏瑤、林蔚昀、林廷諭、紀金慶、梁饋、陳婉娑、陳茻、莊勝涵、
盛浩偉、游勝輝
執行編輯 / 錢怡廷、陳冠禎
文字校對 / 錢怡廷、陳冠禎
封面設計 / 林峰毅
美術設計 / Johnson Lin
插　　畫 / Kan－繪製〈服妖之鑑〉
SUMMERISE 夏紹智－繪製〈自以為的客觀性〉
左萱－繪製〈赤壁賦〉、〈晚遊六橋待月記〉
米奇鰻－繪製〈大同與小康〉、〈火車與稻田〉
金芸萱－繪製〈勸和論〉、〈無怨〉
知岸－繪製〈竇娥冤〉
鐘仁杰－繪製〈黑潮の親子舟〉
葉長青－繪製〈中華文化基本教材第五單元〉、〈中華文化基本教材第六單元〉
法律顧問 / 昱昌律師事務所林傳哲律師

發行人兼總編輯 / 廖之韻
創意總監 / 劉定綱
出　　版 / 奇異果文創事業有限公司
地　　址 / 臺北市大安區羅斯福路三段 193 號 7 樓
電　　話 /（02）23684068
傳　　真 /（02）23685303
網　　址：https://www.facebook.com/kiwifruitstudio
電子信箱：yunkiwi23@gmail.com

總 經 銷 / 紅螞蟻圖書有限公司
地　　址 / 臺北市內湖區舊宗路二段 121 巷 19 號
電　　話 /（02）27953656
傳　　真 /（02）27954100
網　　址 / http://www.e-redant.com

印　　刷 / 永光彩色印刷股份有限公司

初版：2021 年 2 月
ISBN：978-986-06047-0-2